做自己的律师

丛书主编/韩文生

以案说法

——行政纠纷法律指引

范 伟 主编

中国言实出版社

图书在版编目（CIP）数据

以案说法：行政纠纷法律指引 / 范伟主编.
北京：中国言实出版社，2024. 9. --（做自己的律师 /
韩文生主编）. -- ISBN 978-7-5171-4946-0

Ⅰ. D922.104

中国国家版本馆CIP数据核字第2024RX9888号

以案说法——行政纠纷法律指引

责任编辑：王战星
责任校对：代青霞

出版发行：中国言实出版社
　地　　址：北京市朝阳区北苑路180号加利大厦5号楼105室
　邮　　编：100101
　编辑部：北京市海淀区花园北路35号院9号楼302室
　邮　　编：100083
　电　　话：010-64924853（总编室）　010-64924716（发行部）
　网　　址：www.zgyscbs.cn　　电子邮箱：zgyscbs@263.net

经　　销：新华书店
印　　刷：北京温林源印刷有限公司
版　　次：2024年10月第1版　　2024年10月第1次印刷
规　　格：880毫米×1230毫米　　1/32　　8.25印张
字　　数：196千字

定　　价：68.00元
书　　号：ISBN 978-7-5171-4946-0

丛书编委会

主　任

韩文生

副主任

许身健

编委（以姓氏笔画排序）

丁亚琪　乌　兰　刘　涛　刘炫麟
刘智慧　苏　宇　李　晓　李　琳
范　伟　赵　霞　臧德胜

本书编委会

主　编
范　伟

副主编
周　磊

撰稿人（以姓氏笔画排序）

王　赟　　王晓萍　　冯　健　　刘明鸿

何鸿坚　　张飞军　　范　伟　　周　磊

郑泽龙　　宗婷婷　　姜鹏飞　　夏志平

高　敏　　梁业鹏　　彭　倩

总　序

在建设法治中国这一波澜壮阔的历史征程中，每个公民不仅是其辉煌历程的见证人，更是积极参与、奋力推动其前行的中坚力量。面对法治时代的召唤，我们如何自处？答案既简单又深远：既要成为遵纪守法的模范公民，又要勇于并善于拿起法律武器，捍卫自身合法权益。这一使命，可概括为以下四个方面：

一是树立法治意识。这是心灵深处的法律灯塔，照亮公民对法律的认知之路。它不仅是对法律规则的敬畏与尊重，更是内化为日常行为的自觉遵循，其强弱直接关系到法治社会的建设成效。

二是培养法治思维。这是开启法律智慧大门的钥匙，引领我们从法治的视角审视世界、解决问题，是推动社会公正与和谐的重要力量。

三是提升法治能力。这不仅是具备从法律视角发现问题、分析问题、解决问题的能力，还体现在能够依法处理各类法律事务上。随着国家治理体系和治理能力现代化的完善和推进，法治能力是每个公民不可或缺的技能。

四是依法维护自身合法权益。法律，是公民权利的守护神。

在权益受到侵害时，我们不应选择沉默或妥协，而应勇敢地拿起法律武器，捍卫自己的尊严与权益。通过学习法律知识，了解法律程序，我们能够更加自信地面对挑战，确保自己的合法权益不受侵犯。

这套"做自己的律师"丛书，正是基于这样的理念与使命而诞生。它汇聚了我们身边一些常见的、真实的、典型的法律案例，通过深入解析，全方位、多角度地满足读者学习法律的需求。

丛书共9册，包括婚姻家庭继承、侵权、消费者权益保护、物权、合同、公司、劳动、刑事、行政等法律领域，为读者提供了全面而深入的法律指引。

我坚信，这套丛书将成为每位公民提升法治意识、培养法治思维、增强法治能力、依法维护自身合法权益的得力助手。书中丰富的案例，如同明灯一般，为读者提供可借鉴、可参考的解决方案，让法律不再是遥不可及的概念，而是触手可及、切实可行的行动指南。

我深信，当您细细品读本套丛书之时，定能更深刻地领悟法律之精髓，体会法治之真谛。在这一过程中，您将获得法律知识的全面滋养，清晰界定自己在法律框架中的位置，明确自身权利、义务与责任，从而在面对生活与工作的种种情境时，能够更加自信、有力地捍卫自己的合法权益。

本套丛书的作者群体包括中国政法大学的专家、学者和司法实践经验丰富的律师、法官等。尽管每位成员的工作均极为繁重，但他们以法律普及为己任，不辞辛劳，甘愿牺牲个人休息时间，夜以继日，只为将法律的精髓与智慧凝结成册，按期呈现给广大读者。在此，特向他们致以衷心的感谢！

本套丛书不仅对社会大众读者广有裨益，而且对从事立法、行政执法、司法、纪检监察、律师、公证、基层法律服务、法学教研、政府机关、社区、村民自治等相关工作的人士同样具有重要参考价值。

愿法律与您同在，愿法治与您同行！

韩文生

中国政法大学法硕学院党委书记

前　言

　　法治政府建设是全面依法治国的重点任务和主体工程，是推进国家治理体系和治理能力现代化的重要支撑。行政执法是行政机关履行政府职能、管理经济社会事务的重要方式，也是法治政府建设的关键内容。2020年11月16日，习近平总书记在中央全面依法治国工作会议上强调："行政执法工作面广量大，一头连着政府，一头连着群众，直接关系群众对党和政府的信任、对法治的信心。"为全面推进严格规范公正文明执法，我们要完善行政执法体制机制，强化重点领域执法，规范执法程序和行为，实现执法水平普遍提升，努力让人民群众在每一个执法行为中都能看到风清气正、从每一项执法决定中都能感受到公平正义。

　　然而，实践中社会公众对于行政法的认识尚不全面，"误用""乱用"行政法的现象层出不穷。为此，需要运用通俗易懂的语言向社会公众传递实用的行政法知识，帮助其树立正确的行政法理念。本书汇集多位学者与实务专家，基于行政处罚、行政复议、行政检查、行政强制、行政征收、行政许可等多种行政行为，编写案例分析文章。通过对这些案件案情的介绍、法院判决观点的梳理，以及案件争议焦点的剖析，向公众讲解相关行政法规范的科学内涵，并为其在实践中遇到类似情景时提供法律指引，让公众"做自己的律师"。虽然我国并非判例法国家，但在最高人民法院多次呼吁破解"类案不同判"问题，实现全国范围内同案同判的时代背景下，典型案例的判决思路与观点在司法实务中具有一定的参考价值，这亦是编写本书的出发点所在。

本书由编委会共同讨论确定了50篇典型案例。按照目录顺序，中国政法大学副教授宗婷婷负责"案例1—3"的撰写，中国政法大学讲师、师资博士后冯健负责"案例4—6"的撰写，广东上茂律师事务所主任周磊负责"案例7—11"的撰写，江苏琼宇仁方律师事务所高级合伙人夏志平负责"案例12—14"的撰写，江苏鼎盛湖律师事务所高级合伙人高敏负责"案例15—17"的撰写，山东志伟律师事务所高级合伙人姜鹏飞负责"案例18—21"的撰写，广东洛亚律师事务所高级合伙人张飞军负责"案例22—23"的撰写，广东洛亚律师事务所高级合伙人刘明鸿负责"案例24—26"的撰写，中国政法大学副教授范伟负责"案例27—28"的撰写，中国政法大学研究生王赟负责"案例29—32"的撰写，何鸿坚负责"案例33—36"的撰写，彭倩负责"案例37—40"的撰写，梁业鹏负责"案例41—44"的撰写，王晓萍负责"案例45—48"的撰写，郑泽龙承担本书编辑的联络工作，并负责"案例49—50"的撰写。本书初稿完成后，副主编周磊进行了多次统校，最后由主编范伟定稿。

尽管本书编写人员为案例的查找与分析付出诸多努力，但受限于客观因素，书中恐难免有错漏，期望广大读者海涵，并提出批评指正意见。

本书编委会

2024 年 3 月 1 日

目　录

四、诉权保障

五、劳动与社会保障

六、生产经营

七、公民权利与义务

一、婚姻家庭

离婚登记不适用行政越权无效原则

婚姻是美好的，但是婚后夫妻感情不和，就可能会走向离婚。如果夫妻双方达成合意，并到民政局办理离婚登记后，民政局却发现自己没有资格为该夫妻颁发离婚证，那么民政局先前办理的离婚登记是否因行政越权而归于无效呢？

一、案例简介

（一）基本案情

梁某与黄某于 1985 年 11 月登记结婚。2007 年 3 月 27 日，黄某取得新加坡国籍。2015 年 8 月 10 日，梁某与黄某以感情破裂为由持中国居民身份证、户口簿等至徐州市云龙区民政局婚姻登记处办理离婚登记。二人就离婚、子女抚养、财产分割等签订离婚协议书，同时签署了申请离婚登记声明书，声明书中国籍部分打印为"中华人民共和国"，二人填写的常住户口所在地均为"云龙区解放路"。经审查，云龙区民政局婚姻登记处当日为二人办理离婚登记，并颁发离婚证。

2018 年 2 月 27 日，云龙区民政局婚姻登记处主任袁某与梁某电话联系，口头告知其因黄某办理离婚登记时已取得新加坡国籍，二人于 2015 年 8 月 10 日办理的离婚登记无效，并要求梁某将离婚证交回。后梁某与他人又至云龙区婚姻登记处找袁某了解情况，袁某为梁某复印了相关婚姻登记规范文件。2018 年 3 月 5 日，云龙区民政局作出案涉《离婚登记情况说明》并存放至徐州市云龙区档案馆。梁某在徐州市云龙区档案馆复印获取该《离婚登记情况说明》。后云龙区民政局收回了黄某持有的离婚证，但梁某仍持有云龙区民政局婚姻登记处颁发的离婚证。梁某认为徐州市云龙区民政局作出的婚姻登记行政确认无效，向徐州市中级人民法院提起诉讼。①

（二）法院裁决

1. 一审判决

徐州市云龙区人民法院认为，依法行政是行政机关作出行政行为时的基本准则。对于行政机关作出的违法行政行为，行政相对人可以诉请人民法院予以监督纠正，作出行政行为的行政机关基于有错必纠的原则也可自行纠正。本案中，梁某与黄某办理离婚登记之前，黄某已取得了新加坡国籍，其在办理离婚登记时已属外国人，不是中国公民，根据《婚姻登记条例》涉外婚姻的登记机关是省、自治区、直辖市人民政府民政部门或者省、自治区、直辖市人民政府民政部门确定的机关。云龙区民政局婚姻登记处办理梁某、黄某的离婚登记显然属于超越职权的无效行政行为，当然可依职权或依申请自行纠正原离婚登记行为。

2. 二审判决

虽然云龙区民政局婚姻登记处为梁某、黄某办理的离婚登记属于越权行政行为，但是离婚登记是行政越权无效原则的例外。婚姻登记机关颁发离婚证之时，对当事人之间的离婚登记即已完成，婚姻关系一经离婚登记予以解除后便具有不可逆性。故江苏省高级人民法院撤销江苏省徐州市中级人民法院（2018）苏03行

①详可参见（2018）苏高行终字第1715号行政判决书。

初 139 号行政判决并确认徐州市云龙区民政局作出的《关于黄某隐瞒国籍与梁某办理离婚登记的情况说明》无效。

二、以案说法

本案的争议焦点在于，徐州市云龙区民政局越权为梁某与黄某办理的离婚登记是否有效。

（一）我国不承认双重国籍，中国公民取得外国国籍的，自动丧失中国国籍

《中华人民共和国国籍法》第三条规定："中华人民共和国不承认中国公民具有双重国籍。"第九条规定："定居外国的中国公民，自愿加入或取得外国国籍的，即自动丧失中国国籍。"本案中，黄某在 2007 年取得新加坡国籍，且定居新加坡，即自动丧失中国国籍，属于外国人。

（二）涉外婚姻应在省级人民政府民政部门或其确定的机关办理登记

根据《婚姻登记条例》第二条第二款的规定，"中国公民同外国人，内地居民同香港特别行政区居民和澳门特别行政区居民、台湾地区居民、华侨办理婚姻登记的机关是省、自治区、直辖市人民政府民政部门或者省、自治区、直辖市人民政府民政部门确定的机关。"本案中，黄某属于外国人，梁某与黄某办理离婚登记，云龙区民政局对此无管辖权限，应由江苏省民政厅涉外婚姻登记处办理。

（三）离婚登记不因行政越权而无效

行政越权无效是我国行政法的基本原则，《中华人民共和国行政诉讼法》第七十条第四款、第七十五条等对该原则作出了具体的规定，是指行政主体在行政活动中，超越其法定的权力范围或

权力限度而作出的行政行为无效。本案中，云龙区民政局为梁某、黄某办理离婚登记即属于行政越权，对于绝大多数行政越权行为，行政机关可以通过确认无效或撤销的方式自行予以纠正。但对于极少数特定的行政越权行为，若以确认无效或撤销的形式予以纠正，会给国家利益、社会公共利益及相关法律秩序带来重大损害，且该损害客观上难以得到有效恢复与补救，则该类行政越权行为应当作为行政越权无效的例外情形，不应确认无效或予以撤销。本案婚姻登记机关对婚姻当事人越权作出的案涉离婚登记即为例外情形之一。

离婚登记是婚姻登记机关依当事人的申请，对当事人之间自愿解除婚姻关系及子女抚养、财产等问题所达成的协议予以认可，并以颁发离婚证的形式确认当事人之间婚姻关系解除的行政行为。在婚姻登记机关颁发离婚证之时，婚姻登记机关对当事人之间的离婚登记即已完成，当事人之间的婚姻关系即已解除，离婚证所确认的婚姻解除情况即产生对外效力，具有社会公信力。在已离婚人员持有离婚证的情况下，符合法定条件的其他人员完全可以对离婚证所反映的婚姻解除情况产生信赖，进而与已离婚人员建立合法的婚姻关系或其他特定关系。如果婚姻登记机关或其他职能部门可以对离婚登记中的被解除的婚姻关系确认无效或予以撤销，将会使相关人身法律关系处于随时可变化的不稳定状态，也会使社会公众对婚姻登记机关的离婚登记行为产生不安全感及不信任感，使一夫一妻制和基本社会关系架构遭到破坏，进而损害现实的法律秩序和社会公共利益，故当事人之间的婚姻关系一经离婚登记予以解除后便具有不可逆性。

三、专家建议

中国公民同外国人，内地居民同香港特别行政区居民、澳门特别行政区居民、台湾地区居民、华侨办理婚姻登记，可先行咨询当地民政部门，确定涉外婚姻登记机关，携带相关证明材料再行办理登记。若已在无权办理登记的民政机关取得了离婚证书，该民政机关后又作出确认离婚登记行为无效的行为，公民可以提起行政诉讼请求法院确认民政机关确认离婚登记无效的文件无效，离婚登记有效。

四、关联法条

《中华人民共和国国籍法》第三条、第九条；《婚姻登记条例》第二条；《中华人民共和国民法典》第一千零七十六条；《中华人民共和国行政诉讼法》第七十条、第七十五条；《中华人民共和国民事诉讼法》第二百零二条。

收养登记应符合法定条件

收养是自然人领养他人的子女为自己的子女，依法创设拟制亲子关系的身份法律行为，关系到未成年人的成长和两个家庭的切身利益，应当具备法定条件，符合法定程序，否则可能导致收养登记被撤销，收养关系不复存在，伤害家庭关系与亲子感情。

一、案例简介

（一）基本案情

2011 年 9 月 5 日，周某与王某登记结婚，婚后生育两女一子。2016 年 4 月 21 日，周某、王某经海安市人民法院调解达成离婚协议，其子女周某 2、周某 3、周某 1 均随周某生活。2016 年 8 月，周某将周某 1 送至崔某处抚养，并支付崔某抚养费。一段时间后，崔某不再收到周某的抚养费，也联系不上周某。2017 年 2 月 14 日，崔某女儿金某报警称崔某于 2016 年 8 月 8 日捡到一男弃婴，包裹里有男婴的健康检查等相关手续，男婴的名字叫周某 1。2017 年 2 月 27 日，海安市社会福利院与金某夫妇签订家庭寄养协议，3 月 4 日，海安市社会福利院在《扬子晚报》刊登寻找弃婴生父母公告，期满后无人认领。

2017 年 5 月 31 日，海安市社会福利院为捡拾婴儿取名为鲍某 1，并为其申报户口。6 月 12 日，城北派出所为鲍某 1 办理了户口登记。6 月 30 日，鲍某、郑某向海安市民政局申请，要求收养鲍某1。同日，海安市民政局为收养人鲍某、郑某，被收养人鲍某1（即周某1，下文统一称鲍某1）办理了（2017）收字第17018号收养登记。

2018年1月24日，周某向海安市民政局提出申请，要求撤销案涉收养登记未果。2月24日，周某、王某向如东县人民法院提起行政诉讼，请求撤销海安市民政局作出的（2017）收字第17018号收养登记。如东县人民法院经审理，以周某、王某不具有原告主体资格为由裁定驳回起诉。周某不服提起上诉，南通市中级人民法院指令南通经济技术开发区人民法院继续审理。①

（二）法院裁决

1. 一审判决

南通市经济技术开发区人民法院认为，鲍某1系被周某送至崔某处照顾，且崔某明知鲍某1的亲生父母，故鲍某1既不是弃婴，也并非查找不到父母，故鲍某1不符合《中华人民共和国收养法》（以下简称《收养法》）中可以被收养的未成年人的条件，判决撤销海安市民政局发放的（2017）收字第17018号收养登记证。

2. 二审判决

鲍某不服，上诉至江苏省南通市中级人民法院。二审法院认为，鲍某1不符合被收养的法定条件，海安市民政局在受理收养登记申请后没有依法办理公告，没有履行查找职责，被诉收养登记行为违反法定程序。虽然鲍某收养鲍某1已近1年，双方产生了难以割舍的感情，但后天建立的感情是以剥夺周某、王某作为亲生父母的感情为代价的，本就是一系列违法和不当行为的后果，故被诉收

---

① 详可参见（2020）苏06行终字第171号行政判决书。

养登记行为依法应予撤销,二审法院判决驳回上诉,维持原判。

二、以案说法

本案的争议焦点有三个:一是周某、王某是否有诉讼主体资格;二是鲍某1是否符合被收养的法定条件;三是被诉收养登记行为是否符合法定程序。

(一)与行政行为有利害关系的公民、法人或者其他组织有权提起行政诉讼

《中华人民共和国行政诉讼法》第二十五条第一款规定,行政行为的相对人以及其他与行政行为有利害关系的公民、法人或者其他组织,有权提起诉讼。因此,并非只有行政行为的相对人才能提起行政诉讼,只要与行政机关作出的行政行为有利害关系,就是提起行政诉讼的适格原告。本案中,涉诉收养登记行为是海安市民政局依据鲍某的申请作出的,鲍某是该行政行为的相对人,周某、王某是鲍某收养的鲍某1的亲生父母,虽然不是行政相对人,但是涉诉收养登记行为人为剥离了周某、王某与鲍某1的亲子关系,故周某、王某作为利害关系人当然有权提起行政诉讼。

(二)被收养的法定条件

收养是公民领养他人子女为自己子女的法律行为,但并非任何未成年人都可以被收养。《中华人民共和国民法典》(以下简称《民法典》)第一千零九十三条规定,下列未成年人,可以被收养:(1)丧失父母的孤儿;(2)查找不到生父母的未成年人;(3)生父母有特殊困难无力抚养的子女。本案发生时适用收养法的规定,《民法典》与《收养法》相比,扩大了被收养人的范围,将不满14周岁的未成年人改为未成年人,年龄扩大为18周岁以下;将查找不到生父母的"弃婴和儿童"修改为"未成年人",查找不到

生父母的原因不再限于生父母的主动遗弃，因被拐卖导致脱离生父母监护的未成年人也符合被收养的条件。本案中，崔某在报案时明知鲍某1的亲生父亲是周某，只是联系不上周某，因此鲍某1显然不属于"查找不到生父母的未成年人"，故不符合法定收养条件。

（三）为查找不到生父母的未成年人办理收养登记须先公告

《中华人民共和国民法典》第一千一百零五条规定，收养应当向县级以上人民政府民政部门登记。收养关系自登记之日起成立。收养查找不到生父母的未成年人的，办理登记的民政部门应当在登记前予以公告。由于收养查找不到生父母的未成年人没有送养人，为了防止生父母遗弃未成年子女，或与子女失散，民政部门应当在办理登记前予以公告。根据《中国公民收养子女登记办法》第八条第二款之规定，收养查找不到生父母的弃婴、儿童的，收养登记机关应当在登记前公告查找其生父母；自公告之日起满60日，弃婴、儿童的生父母或者其他监护人未认领的，视为查找不到生父母的弃婴、儿童。公告期间不计算在登记办理期限内。公告是为查找不到生父母的未成年人办理收养登记的法定程序，只有公告后满60日无监护人认领，民政机关才能依法办理收养登记。本案中，海安市民政局在受理鲍某收养登记申请的当日就颁发了收养登记证，显然未履行公告的法定程序。

三、专家建议

收养行为是建立拟制血亲的重要途径，涉及家庭亲子关系的变更，需要依法办理收养登记手续，收养人在收养未成年人时，一定要秉持双方自愿原则，并多方查证，确保自己符合收养条件，被收养的未成年人符合被收养条件，同时监督行政机关履行收养登记的法定程序，依法办理公告、发给收养登记证。

四、关联法条

《中华人民共和国民法典》第一千零九十三条、一千零九十八条、一千一百零五条；《中国公民收养子女登记办法》第八条；《中华人民共和国行政诉讼法》第二十五条。

非公证继承取得不动产办理登记
需全体继承人到场

我国不动产物权的变动采用登记生效主义，即要想发生不动产物权的变动，不仅要当事人达成变动的合意，还要完成公示，办理不动产登记。如果只是达成合意，却未办理登记，该不动产的物权在法律上不发生变动，但这并不是绝对的，实践中亦存在一些例外情况，如继承。因继承取得不动产的，物权变动发生在被继承人死亡时，继承人要出售继承取得的不动产，仍要为该不动产办理登记。因继承取得不动产的，在办理不动产登记时有哪些注意事项呢？

一、案例简介

（一）基本案情

魏某与被继承人（立遗嘱人）赵某系夫妻关系，2009年10月27日，赵某经律师张某代书并经两位见证人现场见证，立遗嘱指定其与魏某共有的产权调换房屋中属于其个人的份额由魏某独自继承。涉案房屋现登记的房屋所有权人为裕丰房地产开发有限公司（即开发商）。立遗嘱当日，赵某因肺癌呼吸衰竭死亡，涉案房屋自2010年竣工交付使用后，魏某一直居住于涉案房屋中。2017年8月，吉林市吉开房屋拆迁有限公司为其出具动迁户回迁证明、开发商裕丰房地产开发有限公司出具了购房发票、税务机关出具了税收完税证明。魏某于 2017 年 7 月到被告市国土局下属单位吉林市不动产登记中心要求办理涉案房屋的所有权登记，提供材料有代书遗嘱、《产权调换协议书》、动迁户回迁证明、税收完税证明。吉林市不动产登记中心告知魏某需提交经公证的材料或生效的法律文书，或者由全部继承人共同到场进行确认。魏某未提供，吉林市不动产登记中心未为其办理房屋所有权证。魏某遂起诉至吉林市昌邑区人民法院，要求被告市国土局为其办理涉案房屋的所有权证。①

（二）法院裁决

1. 一审判决

吉林市昌邑区人民法院认为，依据《不动产登记操作规范（试行）》的规定，继承取得不动产申请登记的，申请人提交经公证的材料或者生效的法律文书的，按《不动产登记暂行条例》《不动产登记暂行条例实施细则》的相关规定办理登记；申请人不提交经公证的材料或者生效的法律文书，应由所有继承人携身份证明、亲属关系证明等材料到不动产登记机构进行继承材料查验。本案中，原告魏某经吉林市不动产登记中心告知，仍未提供经公证的材料或者生效的法律文书，亦未协同其他继承人到吉林市不动产登记中心进行确认，其登记申请材料不符合不动产登记操作规范的规定，被告市国土局未受理其申请并无不当。遂作出（2018）吉 0202 行初 20 号行政判决，驳回原告魏某的诉讼请求。

2. 二审判决

吉林市中级人民法院认为，被继承人赵某所立代书遗嘱符合代书遗嘱的形式要件，且无人主张该遗嘱无效，亦无法律程序确

---

① 详情参见（2018）吉 02 行终字第 206 号行政判决书。

认该遗嘱无效，该遗嘱应为有效，且在被继承人赵某死亡后至今，无他人对涉案房屋主张物权。《不动产登记操作规范（试行）》中规定受理登记前应由全部法定继承人或受遗赠人共同到不动产登记机构进行继承材料查验，针对遗嘱继承的情况，该操作规范所称"全部法定继承人"应为遗嘱所涉及的全部法定继承人，而本案遗嘱所涉及的法定继承人只有上诉人一人，被上诉人不履行房屋登记法定职责违法。二审法院撤销原审判决，并判令吉林市国土资源局依法受理魏某的房屋登记申请并为其办理涉案房屋的房屋所有权证。

二、以案说法

（一）不动产登记的办理机关

《不动产登记暂行条例（2019 修订）》第六条和第七条的规定，全国不动产登记工作由国务院国土资源主管部门负责，各地的不动产登记由不动产所在地的县级人民政府确定的不动产登记机构办理。我国不动产登记实行属地原则，即由不动产所在地的登记机构专属管辖，不得在异地进行不动产物权变动登记。

（二）继承取得不动产的物权变动规则

根据《中华人民共和国民法典》第二百零九条规定，"不动产物权的设立、变更、转让和消灭，经依法登记，发生效力；未经登记，不发生效力，但是法律另有规定的除外"，继承就属于该条的例外，《中华人民共和国民法典》第二百三十条规定："因继承取得物权的，自继承开始时发生效力。"继承开始时即被继承人死亡时，继承人取得该不动产物权。因为被继承人死亡后，其生前享有的财产权利在法律上也归于消灭，如果仍然适用物权变动的一般原则，要求不动产物权的取得自登记时才能生效，那么在被继承人死亡后不动产登记前，遗产就会处于无主状态。在单独继承时，因继承人仅有一人，不涉及遗产分割问题，故继承人自被继承人死亡时取得遗产所有权，而无须进行不动产登记，但是不登记就无法处理该不动产。继承人有数人的情况下，虽然继承人取得了不动产物权，但是在分割之前，该物权是全体继承人共同所有，如果全体继承人经分割后决定将不动产登记在其中一人名下，则需按照《不动产登记操作规范（试行）》的规定，提交财产分割的公证材料或生效的法律文书，或由所有继承人携身份证明、亲属关系证明等材料到不动产登记机构进行继承材料查验并办理登记。

（三）继承取得不动产登记的办理

根据《中华人民共和国民法典》《不动产登记暂行条例（2019修订）》和《不动产登记操作规范（试行）》的有关规定，一般办理不动产变动登记，需要当事人提出申请，携带权属证明和不动产界址、面积等必要材料到不动产所在地不动产登记机构办理。对于继承取得的不动产，申请人还应提交死亡证明材料、遗嘱或者全部法定继承人关于不动产分配的协议以及与被继承人的亲属关系材料等，也可以提交经公证的材料或者生效的法律文书。继承人不止一人且没有公证材料或生效法律文书的，登记前应由全部法定继承人或受遗赠人共同到不动产所在地的不动产登记机构进行继承材料查验。

本案中，被继承人赵某通过遗嘱的方式指定继承人魏某独自继承赵某对案涉房屋的个人份额，本案的争议焦点即在于魏某依据遗嘱继承赵某的房屋份额是否需要全体继承人到场。由于赵某的遗嘱中仅指定了魏某一人继承，那么本案的"全体继承人"即魏某一人，吉林市国土资源局混淆了遗嘱继承与法定继承，认为办理登记需要赵某的全体继承人到场是错误的。

三、专家建议

　　继承人合法继承不动产后应及时依法办理不动产登记手续。虽然因继承取得的不动产，无须登记即可取得该不动产物权，但不办理登记手续即不产生公示效力，一旦需要出售不动产就需要确认不动产的所有权，未经办理登记手续，继承人无法出售不动产。

　　申请办理不动产继承登记有三种方式：一是持有公证遗嘱或对财产分割做公证；二是就财产分割提起诉讼并取得生效法律文书；三是由全体继承人共同到不动产所在地的不动产登记机构进行继承材料查验。

四、关联法条

　　《中华人民共和国民法典》第二百零九条、第二百一十条、第二百一十一条、第二百三十二条；《不动产登记暂行条例（2019修订）》第六条、第七条；《不动产登记操作规范（试行）》第1.8.6条。

二、政府信息公开

涉及个人隐私的政府信息是否公开需裁量

隐私权是公民人格权和人格尊严的组成部分，任何组织或个人不能以刺探、侵扰、泄露、公开等方式侵害他人的隐私权，国家机及其工作人员对履职过程中获取的自公民隐私应当予以保密。行政机关在履行行政职能过程中制作或获取并予以记录保存的政府信息中可能会涉及公民个人隐私，根据《中华人民共和国政府信息公开条例》第十五条的规定，涉及个人隐私的政府信息属于原则上不公开、例外可公开的政府信息。

一、案情简介

（一）基本案情

2016 年 9 月 26 日，刘某 1、刘某 2、刘某 3 向濮阳县人民政府申请政府信息公开，濮阳县人民政府告知 3 人向濮阳县产业集聚区管理委员会申请，3 人不服向濮阳市中级人民法院起诉。濮阳市中级人民法院认为，濮阳县政府未向 3 人作出答复、未告知其不予公开的范围并说明理由违反了《中华人民共和国政府信息公开条例》第三十六条的相关规定，遂判决濮阳县人民政府向 3 人作出书面答复。2017 年 1 月 17 日，濮阳县人民政府向 3 人作出《关于刘某 1、刘某 3、刘某 2 三人政府信息公开申请的答复》，对涉及 3 人的相关政府信息进行了公开，同时说明 3 人申请的"红旗路东延建设项目涉及到的濮阳县××镇铁炉村所有村民的房屋拆迁及土地征收补偿费用发放情况的具体明细"的政府信息属于部分公开范围，除上述 3 人相关政府信息外，属于个人隐私或者公开可能导致对个人隐私权造成不当侵害的政府信息，对此不予公开。3 人不服，后向人民法院提起诉讼。①

（二）法院裁决

1. 一审判决

一审法院认为，刘某 1 等 3 人申请公开其他村民的信息不属于其生产、生活、科研等需要，濮阳县政府对涉及其他村民的信息不予公开并无不当，因此 3 人的诉讼请求缺乏法律依据，遂判决驳回其撤销濮阳县政府答复及责令其公开其他村民房屋拆迁补偿费用、土地征收补偿费用发放情况的具体明细的政府信息的诉讼请求。

2. 二审判决

二审法院认为，3 人申请公开其他村民房屋搬迁、土地征收补偿费用发放情况的具体明细，不属于其生产、生活、科研等需要，不符合《中华人民共和国政府信息公开条例（2007）》第十三条的规定，其上诉理由不能成立，遂判决驳回上诉，维持原判。

3. 再审判决

最高人民法院认为，《中华人民共和国政府信息公开条例（2007）》第十三条中提到的"自身生产、生活、科研等特殊需要"并非对政府信息公开申请人资格的限制，人民法院通常不宜主动审查"三需要"问题，更不能主动以不符合"三需要"为理由判决原告败诉。此外，根据《中华人民共和国政府信息公开条例（2007）》的规定，本案行政机关对涉及个人隐私的政府信息并未履行书面征求第三方意见的程序，却径直以涉及个人隐私为由

———————
① 详可参见（2018）最高法行再 180 号行政判决书。

决定不公开，不符合法律规定；且根据《国有土地上房屋征收与补偿条例》相关规定，国有土地上房屋征收补偿档案和补偿情况应在房屋征收范围内公开，集体土地上房屋征收分户补偿情况可以参照适用。故判决撤销一、二审判决，责令濮阳县政府提供案涉政府信息。

二、以案说法

本案的争议焦点在于：第一，公民申请政府信息公开是否需要出于"自身生产、生活、科研等特殊需要"；第二，涉及个人隐私的政府信息是否可以公开。

（一）申请政府信息公开不以"自身生产、生活、科研等特殊需要"为必要

根据《中华人民共和国政府信息公开条例（2007）》第十三条规定，"除本条例第九条、第十条、第十一条、第十二条规定的行政机关主动公开的政府信息外，公民、法人或者其他组织还可以根据自身生产、生活、科研等特殊需要，向国务院部门、地方各级人民政府及县级以上地方人民政府部门申请获取相关政府信息"。从法律条文来看，社会公众申请政府信息公开似乎需要基于"自身生产、生活、科研等特殊需要"，在司法实践中也有部分法院以此作为裁判依据。但此条文的立法意旨在于规定，除行政机关应依法主动公开的政府信息外，公民、法人或其他组织还可以通过"申请"公开政府信息，而非通过"三需要"的表达对申请人的主观目的和资格进行限制。现行《中华人民共和国政府信息公开条例（2019）》对这一条文进行了修改，将"三需要"的表述进行了删除。当前，《最高人民法院关于审理政府信息公开行政案件若干问题的规定》第五条第六款对"三需要"的规定如下：只

有政府信息公开主体以被申请公开的政府信息"与申请人自身生产、生活、科研等特殊需要无关"作为理由不提供相关政府信息时，人民法院方可以要求申请人对特殊需要事由作出说明。据此，申请人只需要对申请政府信息公开系根据自身生产、生活、科研等特殊需要进行合理说明，并不承担对此的证明责任，也无须提供相关证明材料。当然，根据《最高人民法院关于审理政府信息公开行政案件若干问题的规定》第十二条第六项的规定，如果申请人不能对申请获取政府信息进行合理说明，且行政机关已经依法告知或说明理由并以与"三需要"无关为由不提供相关政府信息，人民法院可判决驳回申请人的诉讼请求。

（二）涉及个人隐私的政府信息公开须征求第三方意见并充分考虑公共利益

根据《中华人民共和国政府信息公开条例（2007）》第十五条规定，涉及公民个人隐私等公开会对第三方合法权益造成损害的政府信息，原则上不得公开，但如果第三方同意公开或行政机关认为不公开会对公共利益造成重大影响，则属于例外情形可以公开。首先，基于对权利人处分其自身权益的尊重，第三方有权决定涉及个人隐私的政府信息是否公开；其次，个人隐私虽是人格权的组成部分，得到相关法律的保障，但在"人人为我、我为人人"的现代公共社会中，个人隐私在部分情况下需要为公共利益作出让步，如果与隐私权相对的公共利益足够重要，则需要对隐私权作出一定克减。此外，对涉及个人隐私的政府信息是否公开如何确定，《中华人民共和国政府信息公开条例（2007）》第三十二条进行了回应：对涉及个人隐私等公开会损害第三方合法权益的政府信息，行政机关应当书面征求第三方意见，如果第三方在法定期限内没有提出意见，则由行政机关进行裁量是否公开；

若第三方不同意公开并且有合理理由，行政机关可以不公开。但若行政机关认为不公开会对公共利益造成重大影响，仍可以决定公开，并书面告知第三方。由此可见，涉及第三方个人隐私的政府信息是否公开并不完全取决于第三方权利人的意见，更需要考虑公共利益的需要。本案中对集体土地上房屋征收及土地补偿相关情况的公开尽管涉及个人隐私，却更关乎到征收补偿的公平公开这一更重要的公共利益，因此隐私权应进行让步。

三、专家建议

公民、法人或其他组织申请政府信息公开不需要以"自身生产、生活、科研等特殊需要"为申请条件，若行政机关以此为由拒绝公开，申请人须先申请行政复议，对行政复议决定不服的，可以再提起行政诉讼。在行政诉讼过程中，人民法院可能会要求申请人进行合理说明，申请人此时只需要提出合乎常理的理由即可，而不需要负担举证责任。此外，对涉及个人隐私的政府信息，政府机关应在衡量第三方意见和社会利益后决定是否公开，若第三方权利人认为行政机关的公开行为侵犯其个人隐私，可以提起行政诉讼请求确认相关行为违法并请求赔偿损失。

四、关联法条

《中华人民共和国行政诉讼法》第四十四条；《中华人民共和国行政复议法》第二十三条；《最高人民法院关于审理政府信息公开行政案件若干问题的规定》第一条、第五条、第十一条、第十二条；《中华人民共和国政府信息公开条例》第一条、第十五条、第二十七条、第三十二条。

行政机关逾期答复政府信息公开申请需担责

　　我国是人民民主专政的社会主义国家，人民是国家的主人。行政机关在履行行政管理职能过程中制作或者获取的政府信息应当以公开为原则、不公开为例外。对行政机关不主动公开的政府信息，公民、法人或非法人组织可以申请行政机关公开，行政机关应当及时受理答复。

一、案例简介

（一）基本案情

　　2013 年 1 月 28 日，石家庄市某婚姻服务有限公司（以下简称某婚姻公司）向民政部寄发"关于中国婚姻家庭研究会涉嫌欺诈行为的举报信及政府信息公开申请书"，主要内容为："某婚姻公司发现中国婚姻家庭研究会联合百合网开展的婚姻家庭咨询师培训没有经过政府部门审批，涉嫌欺诈，给某婚姻公司造成了极大的心理伤害和巨大的经济损失。按照《社会团体登记管理条例》的相关规定，中国婚姻家庭研究会由民政部登记、监管，特向民政部举报。此外，请民政部依照《中华人民共和国政府信息公开条例（2007）》的规定向某婚姻公司书面邮寄公开中国婚姻家庭研究会的社会团体登记资料、年检资料、社会团体法人登记证书及对中国婚姻家庭研究会涉嫌欺诈行为的查处结果。"民政部接到某婚姻公司的申请后，没有在法定15日期限内作出答复。某婚姻公司不服，于2013年4月13日向民政部提出行政复议申请，请求确认民政部行政不作为违法，责令被申请人民政部履行政府信息公开法定职责。民政部于2013年7月16日作出民复决字〔2013〕3号"行政复议决定书"，确认民政部未在法定15日期限内作出政府信息公开答复的行为违法。在行政复议期间，2013年4月26日，民政部作出政府信息告知书，内容为："我部于2013年1月31日收到你公司'关于中国婚姻家庭研究会涉嫌欺诈行为的举报信及政府信息公开申请书'，经初步甄别后于2月7日转交我部民间组织管理局办理。鉴于你公司举报情况仍在调查过程中，我部现就其他申请公开事项进行答复：（1）中国婚姻家庭研究会的社会团体登记情况、历年年检情况属于公开信息，请登录中国社会组织网查询。（2）我部民间组织管理局对于登记的社会团体仅保留登记信息，并不保留登记证书的原件及副本。"某婚姻公司不服，诉至北京市第二中级人民法院。①

（二）法院裁决

1.一审判决

北京市第二中级人民法院认为，民政部在所作政府信息告知书中并未引用相关法律条款，导致该被诉具体行政行为适用法律错误，应予撤销。某婚姻公司于2013年1月28日向民政部提出政府信息公开申请，民政部于2013年4月26日作出"政府信息告知书"，超过《中华人民共和国政府信息公开条例（2007）》15日的答复期限，且没有依法延长答复期限的批准手续，属于程序违法。北京市第二中级人民法院撤销民政部所作被诉告知书，并

---

① 详可参见（2014）高行终字第915号行政判决书。

判令民政部应于判决生效之日起 60 日内针对某婚姻公司的政府信息公开申请重新作出具体行政行为。

2. 二审判决

民政部不服，上诉至北京市高级人民法院，二审法院认为，民政部所作的"政府信息告知书"遗漏了政府信息公开申请的请求事项，亦未在告知书中说明理由。被诉告知书有可援引的法律依据而未援引，属于适用法律错误。且民政部的答复时间明显超过法定期限，且无依法延长答复期限的批准手续，一审法院撤销被诉告知书，并责令民政部重新作出具体行政行为正确。北京市高级人民法院依法驳回上诉，维持原判。

二、以案说法

（一）公民、法人或非法人组织可申请公开政府信息

《中华人民共和国政府信息公开条例》第二十七条规定，除行政机关主动公开的政府信息外，公民、法人或者其他组织可以向地方各级人民政府、对外以自己名义履行行政管理职能的县级以上人民政府部门申请获取相关政府信息。公民、法人或非法人组织对政府信息有知情权，有权监督行政机关的行政行为。政府信息可以由政府主动公开，《政府信息公开条例》中明确对涉及公众利益调整、需要公众广泛知晓或者需要公众参与决策的政府信息，行政机关应当主动公开，例如行政法规、规章和规范性文件、扶贫、教育、医疗、社会保障、促进就业等方面的政策、措施及其实施情况等。对于政府没有主动公开的信息，公民、法人或非法人组织可以向行政机关申请公开。

（二）行政部门应当及时答复公开政府信息的申请

根据《中华人民共和国政府信息公开条例（2019）》第三十三

条之规定，行政机关收到政府信息公开申请，能够当场答复的，应当当场予以答复；不能当场答复的，应当自收到申请之日起20个工作日内予以答复；需要延长答复期限的，应当经政府信息公开工作机构负责人同意并告知申请人，延长的期限最长不得超过20个工作日。本案中，某婚姻公司向民政部申请公开中国婚姻家庭研究会的信息，民政部认为某婚姻公司申请公开的政府信息属于已经主动公开的政府信息，且民政部没有保留中国婚姻家庭研究会的登记证书原件及副本，故没有答复某婚姻公司。但根据政府信息公开条例的规定，行政机关对于所申请公开信息已经主动公开的，应当告知申请人获取该政府信息的方式、途径；对于经检索没有所申请公开信息的，应当告知申请人该政府信息不存在。因此，行政机关在收到政府信息公开申请后，无论决定公开或者不公开，都应在法定期限内答复申请人。

（三）行政机关未尽答复义务时的救济途径

根据《中华人民共和国行政复议法》第十一条第十四项之规定，公民、法人或者其他组织认为行政机关在政府信息公开工作中侵犯其合法权益，可以申请行政复议，行政机关未在法定期限内答复政府信息公开申请即属于"行政机关在政府信息公开工作中侵犯其合法权益"，结合第二十三条第三项之规定，认为行政机关存在《行政复议法》第十一条规定的未履行法定职责情形，应当先向行政复议机关申请行政复议，对行政复议决定不服的，可以再依法向人民法院提起行政诉讼。因此如果行政机关未在法定期限内答复政府信息公开申请，申请人须先提出行政复议，对复议结果不服才能提起行政诉讼。

三、专家建议

一般来说，除非涉及国家秘密、商业秘密与个人隐私或者是行政机关的内部事务信息，政府信息都应当对公众公开，如果行政机关没有主动公开，公众可以就需要的信息向行政机关申请公开。目前《政府信息公开条例》规定的行政机关答复公开政府信息申请的期限是 20 个工作日，如果行政机关延长答复期限，延长的期限最长不得超过 20 个工作日。如遇行政机关未在法定期限答复，申请人须先提起行政复议，不服复议才能提起行政诉讼。公民应当具备主人翁意识，主动监督行政机关公开信息，让权力在阳光下运行。

四、关联法条

《中华人民共和国政府信息公开条例（2019）》第五条、第十九条、第二十七条、第三十三条、第三十六条；《中华人民共和国行政复议法》第十一条。

公民申请政府信息公开时不得滥用权利

在信息化时代，政府信息公开既是公众了解政府行为的直接途径、保障公民知情权和当家作主权利的必经之路，也是促进民主政治、实现公民监督政府行为的重要方式。因此，必须保障公民、法人或其他组织申请政府信息公开的渠道畅通无阻。然而，人民群众申请政府信息公开也不能随心所欲，必须遵守相关规定，不能滥用知情权和诉权。

一、案情简介

（一）基本案情

据不完全统计，2013 年至 2015 年 1 月期间，原告陆某 2 及其父亲陆某 1、伯母张某 3 人以生活需要为由，分别向南通市人民政府及其相关部门共提起至少 94 次政府信息公开申请，要求公开南通市人民政府财政预算报告、所拥有公车的数量、牌照号码及公车品牌、政府信息公开年度报告、南通市拘留所被拘留人员 2013 年度伙食费标准、拘留人员权利和义务告知书等 20 多项政府信息。上述 3 人在收到相关《政府信息公开申请答复》后，分别向江苏省人民政府、江苏省公安厅、江苏省国土资源厅、南通市人民政府、南通市审计局等共提起至少 39 次行政复议。经过行政复议程序之后，3 人又分别以政府信息公开申请答复"没有发文机关标志、标题不完整、发文字号形式错误，形式违法；未注明救济途径，程序违法"等理由向南通市中级人民法院、如东县人民法院、港闸区人民法院提起至少 36 次政府信息公开诉讼。2013 年 11 月 26 日，陆某 2 向南通市发展和改革委员会申请公开"长平路西延绿化工程的立项批文"。同年 11 月 28 日，南通市发展和改革委员会作出《政府信息公开申请答复书》并提供了《市发改委关于长平路西延工程的批复》。陆某 2 不服，向法院提起行政诉讼。①

（二）法院裁决

1. 一审裁定

一审法院认为，陆某 2 提出的众多政府信息公开申请次数众多、内容多有重复，其真实目的并非了解相关政府信息，而是对政府及相关部门施加答复、行政复议和诉讼的压力以引起对自身补偿安置问题的重视、实现拆迁补偿安置利益的最大化，属于滥用获得政府信息权利的行为，其起诉缺乏诉的利益，目的不当、有悖诚信，构成诉权滥用，遂裁定驳回起诉。

2. 二审裁定

二审法院认为，原审法院审理此案并未违反法定程序，且认定陆某 2 存在滥用获取政府信息权和滥用诉权行为于法有据，驳回其起诉并无不当，遂裁定驳回上诉，维持原裁定。

二、以案说法

本案的争议焦点在于：首先，陆某 2 的行为是否构成滥用获取政府信息权；其次，其行为是否构成滥用诉权。

（一）公民申请政府信息公开不得滥用知情权

根据《中华人民共和国政府信息公开条例》（以下简称《政

————————
① 详可参见（2015）通中行终字第 00131 号行政裁定书。

府信息公开条例》）第一条的规定，本条例制定目的是为了"保障公民、法人和其他组织依法获取政府信息，提高政府工作的透明度，建设法治政府，充分发挥政府信息对人民群众生产、生活和经济社会活动的服务作用"。因此，此条例最主要的立法目的之一是保障社会公众的对政府信息的知情权，但该条例规定同样指出，社会公众必须"依法获取政府信息"，这表明申请政府信息公开必须在法律框架内，按照法律规定的条件、程序和方式进行，不能超越合理限度、偏离公民正当行使知情权和监督权的轨道、背离政府信息公开制度的初衷。若公民申请政府信息公开的行为并不具备获取政府信息、合理行使公民知情权和监督权的正当目的，而仅仅是为了通过大量、重复提出公开申请，以此为基础申请行政复议乃至提起行政诉讼，进而达到向政府机关施压使其在其他事项上的自身利益达到最大化的目的，则极有可能构成权利滥用。

根据《政府信息公开条例》第三十五条的规定，公民申请公开政府信息的数量、频次明显超过合理范围，政府机关可以要求其说明理由，申请人说明理由后，政府机关认为不合理的，应当告知申请人不予处理其申请。因此，如果政府信息公开申请人被认定构成权利滥用，相关行政机关可以拒绝处理其申请。

（二）公民申请政府信息公开不得滥用起诉权利

诉权是公民普遍享有的基本权利，包括起诉权、申请再审权、申请执行权三大方面，保障诉权是司法公正的重要步骤，但公民应当在法律规定的范围内正当行使权利，不能损害国家、社会、集体和其他个人的合法权利，换句话说，诉权应当得到充分保障，但权利行使不能没有边界。自 2014 年《中华人民共和国行政诉讼法》修订确立立案登记制度以来，当事人提起行政诉讼的门槛大大降低，很大程度上解决了人民群众立案难、起诉难的问题。然而，这也在一定程度上导致了政府信息公开诉讼权利的滥用，部分申请人以提起政府信息公开为基础，频繁申请行政复议、提起行政诉讼，这一行为不仅会造成有限的行政资源和司法资源的浪费，甚至有可能冲击现行政府信息公开制度。因此，社会公众申请政府信息公开并提起行政诉讼，若不具备正当理由或存在滥权行为，可能会因为违反诚实信用原则被司法机关认定为《最高人民法院关于适用〈中华人民共和国行政诉讼法〉的解释》第六十九条第十项规定的"其他不符合法定起诉条件的情形"，进而作出驳回起诉的裁定。

三、专家建议

涉及公众利益调整、需要公众广泛知晓或者需要公众参与决策的政府信息，属于行政机关应主动公开的信息。如果社会公众认为相应信息没有主动公开，可以先向行政机关申请获取相关政府信息，对其答复与逾期不予答复不服的，可以依法向人民法院提起行政诉讼。除行政机关应主动公开的政府信息外，公民、法人或者其他组织可以向《政府信息公开条例》第二十七条规定的相关政府机关及机构提供申请人的姓名或者名称、身份证明、联系方式，目前申请公开的政府信息的名称、文号等特征以及形式要求，申请获取政府信息。对行政机关不予公开政府信息的行为不服的，应先向行政复议机关申请行政复议，对复议决定不服的才可提起诉讼。但是，申请政府信息公开或采取复议或诉讼等救济措施，均应遵守诚实信用原则，在法律规定的范围和限度内行使权利，不能滥用公民知情权或诉权。

四、关联法条

《中华人民共和国行政诉讼法》第四十四条、第四十九条；《中华人民共和国行政复议法》第二十三条；《最高人民法院关于适用〈中华人民共和国行政诉讼法〉的解释》第六十九条；《最高人民法院关于审理政府信息公开行政案件若干问题的规定》第三条；《中华人民共和国政府信息公开条例》第一条、第十九条、第二十七条、第二十九条、第三十五条。

三、房屋土地征收

行政机关强制拆除违法建筑合法
但未必合理

行政强制执行是发生于行政管理过程中，由特定行政机关实施、以国家强制力作为后盾，从而确保实现法律、法规或行政决定得到贯彻落实的一种具体行政行为。在现实生活中，强制拆除违法建筑是较为常见的强制执行方式。对违法的建筑物、构筑物、设施等，应当首先由行政机关予以公告，然后作出限期当事人自行拆除的行政处罚，而当事人在法定期限内不申请行政复议或者提起行政诉讼，又不拆除的，城乡规划主管部门进行催告后，可依法作出行政强制执行决定。

一、案情简介

（一）基本案情

某综合贸易大市场有限公司（以下简称某市场公司）建设的芙蓉区公司西侧总建筑面积6641平方米的13处建筑物经长沙市城乡规划局芙蓉区分局确认，系"未取得《建设工程规划许可证》，且无法采取改正措施消除影响"的违法建筑。2018年8月1日，原长沙市芙蓉区城市管理综合执法大队向某市场公司送达《行政执法意见告知书》《听证权利告知书》。同年8月8日，芙蓉城管大队送达芙城综拆字马坡岭（2018）第09-001号《违法建设工程限期拆除决定书》。某市场公司拒绝签收，故于当日进行公告。2019 年 3 月 25 日，芙蓉城管大队向某市场公司送达芙综催字马坡岭（2019）第 03-001 号《履行行政决定催告书》。催告期满后，某市场公司未自动履行限期拆除义务，芙蓉区人民政府根据芙蓉城管大队的汇报，于同年 4 月 25 日下达《关于责成强制拆除长沙东方综合贸易大市场有限公司搭建的违法建（构）筑物的通知》。同年 5 月 8 日，芙蓉城管大队向某市场公司送达涉案《行政强制执行决定书》。某市场公司不服，遂诉至法院。[①]

（二）法院裁决

1. 一审判决

一审法院认为，芙蓉城管大队具有对案涉违法建筑物进行查处的法定职权；且根据芙蓉城管大队执法人员的勘验和调查结果以及长沙市城乡规划局芙蓉区分局出具的专业意见，根据《中华人民共和国城乡规划法》第四十条、第六十四条的规定，案涉建筑物系无法采取改正措施消除影响，须限期拆除的违法建筑物；芙蓉城管大队在对涉案建筑下达《行政强制执行决定书》前，向其告知了陈述、申辩和申请听证的权利。故芙蓉城管大队作出的《行政强制执行决定书》认定事实清楚，适用法律正确，程序合法，遂判决驳回某市场公司的诉讼请求。

2. 二审判决

湖南省长沙市中级人民法院认为，人民法院对行政行为的合法性进行审查，审查内容也包括"明显不当"这一可撤销情形。而强制执行决定是处罚决定的后置程序，若人民法院未对案涉处罚决定进行实体审查，仅对强制执行决定的合法性进行程序审查，将无助于行政争议的实质化解。被诉强制行政行为具备合法性要

---

① 详可参见（2019）湘 01 行终 961 号行政判决书。

件，但未考虑案涉建筑结构、形成年代、历史背景等因素而直接采取最严厉的拆除这一处罚方式，违反了行政比例原则要求，存在明显不当情形。遂判决撤销一审判决，并确认被诉强制执行决定违法。

二、以案说法

本案的争议焦点有二：第一，对违法建筑强制拆除的明显不当情形的判断；第二，对存在可撤销情形的强制拆除决定是否仅确认违法但不予撤销。

（一）强制拆除违法建筑应符合行政比例原则要求

根据《中华人民共和国行政诉讼法》（以下简称《行政诉讼法》）第六条的规定，人民法院审理行政案件，对行政行为是否合法进行审查。2014年《行政诉讼法》修改时，加入了"明显不当"这一项新的审查标准，以规制行政自由裁量权的行使，既要避免司法裁量取代行政裁量，又要防止行政权力不当行使损害行政相对人的合法权益。立法机关指出，"明显不当"针对的是行政机关行使自由裁量权过程中极端不合理的情形。在实践中，行政行为"明显不当"可表现违反平等原则、信赖保护原则、比例原则和不考虑合理相关因素等。其中，行政比例原则对行政行为提出了必要性、适当性和最小损害的要求，行政决定的作出应兼顾行政管理目的实现和行政相对人权益保护。如果实现行政管理目的所采取的手段可能对行政相对人权益造成不利影响，该种影响亦应被限制在尽可能小的限度和范围内。强制拆除违法建筑的前置程序是限期拆除的行政处罚，行政机关在作出该处罚决定时应当合理行使自由裁量权，充分考虑案涉建筑的使用途径、历史背景、各方过错等因素，进而采取对行政相对方权益影响最小的处罚方式。

（二）对不可或不需撤销的强制拆除决定确认违法

根据《行政诉讼法》第七十条第六项的规定，对存在"明显不当"情形的行政行为，人民法院应当依法判决撤销或部分撤销，但第七十四条同时规定，若存在"行政行为依法应当撤销，但撤销会给国家利益、社会公共利益造成重大损害"，或"行政行为违法，但不具有可撤销内容"等情形的，人民法院判决确认违法但不予撤销。一般而言，在行政强制拆除决定作出后，至行政相对人申请行政复议或提起行政诉讼获得上级行政机关或法院支持前，案涉违法建筑物多已被拆除或部分拆除，此时，撤销相关行政处罚决定或房屋征收决定以及后续的强制拆除决定或已无意义，或会损害国家利益或社会公共利益，因此人民法院应依法判决案涉确认相关行政决定违法但不撤销，并责令被诉行政机关采取相应的补救措施，造成损害的，依法判决行政机关承担赔偿责任。

三、专家建议

一方面，具体行政行为的合法性要件包括"行政行为主体资格合法""主体权限合法""行政行为有事实根据、正确适用法律依据且合乎立法目的"以及"行政行为符合法定程序"。根据《行政诉讼法》规定，人民法院需审查行政行为的合法性，但行政行为"明显不当"也属可撤销情形之一，因此若行政相对人对行政决定不服向人民法院提起行政诉讼，而案涉行政决定具备相应合法性要件，行政相对方不妨从"明显不当"情形入手，或可得到法院支持。此外，行政相对人也可依据《中华人民共和国行政复议法》第二章第四节的相关规定申请行政复议，则行政复议机关将会对行政决定的合法性和适当性进行审查，一般而言，行政相对人对行政复议决定不服，仍可在法定期限内向人民法院提起行政诉讼。

另一方面,若行政决定被确认违法但不予撤销,行政相对人因此行政决定遭受损失的,可以依据《中华人民共和国国家赔偿法》第四条、第三十六条等规定向相应赔偿义务机关要求赔偿。当然,行政相对人也可以在申请行政复议或提起行政诉讼时一并提出赔偿要求。

四、关联法条

《中华人民共和国行政诉讼法》第六条、第七十条、第七十四条、第七十六条;《中华人民共和国城乡规划法》第四十条、第六十四条;《中华人民共和国行政复议法》第十九条、第二十条、第二十四条;《中华人民共和国国家赔偿法》第四条、第三十六条。

行政机关不得混淆国有土地上房屋征收与集体土地征收

在我国，城市的土地属于国家所有，除由法律规定属于国家所有外的农村和城市郊区的土地以及宅基地和自留地、自留山，则属于集体所有。国家为了公共利益的需要，可以依照法律规定对土地和房屋实行征收并给予补偿。而因国有土地和集体土地在所有制上的差异，人们常说的房屋征收实际上可分为国有土地上房屋的征收和集体土地（及地上房屋）的征收，二者在多个方面存在较大区别，行政机关应适用不同程序和职权进行合法征收，以维护我国土地的社会主义公有制基础。

一、案情简介

（一）基本案情

2015年5月20日，西秀区政府向西秀区棚改办作出《关于同意西秀区棚户区改造项目2015年度计划的批复》，同意将22个城市棚户区作为西秀区2015年度棚户区改造项目计划。2017年8月8日，西秀区政府作出19号征收决定及《西秀区头铺麒麟城市棚户区改造项目房屋征收补偿安置方案》并予以公示。西秀区政府作出的19号征收决定所确定的征收范围内均为集体土地上的房屋，且绝大部分集体土地未经省级人民政府批准征收为国有，虽有小部分在贵州省人民政府作出的56号《关于西秀区2006年度第三批次城镇建设用地的批复》范围内，但并未按集体土地征收法定程序组织实施征收和补偿。原告王某的房屋在 19 号征收决定所附西秀区头铺麒麟临街城市棚户区改造项目拟改造红线及 56 号批复范围内。王某认为，其房屋在 19 号征收决定的征收范围内，西秀区政府作出的征收决定在实体和程序上违法，损害其合法权益，遂提起诉讼，请求判决撤销 19 号征收决定。[①]

（二）法院裁决

1. 一审判决

一审法院认为，西秀区政府征收王某的房屋属于对国有土地上房屋进行征收，其作出的 19 号征收决定符合公共利益和相关规划，且依法进行了社会稳定风险评估，程序上虽存在瑕疵，但不足以影响此征收决定的合法性，遂判决驳回王某的诉讼请求。

2. 二审判决

二审法院认为，19 号征收决定符合公共利益需要，但征收决定作出程序和步骤发生重大错误，且征收决定作出前，征收补偿费用未实现足额到位、专户专储，应予以撤销，但撤销此决定会损害更大的公共利益，遂判决撤销一审判决并确认该征收决定违法。

3. 再审判决

最高人民法院认为，案涉部分集体土地虽经 56 号批复批准征收为国有，却未进行土地征收程序。西秀区政府直接实施房屋征收，误将国有土地上房屋征收程序适用于集体土地征收，超越法定职权，缺乏法律依据；且案涉征收项目推进困难、实际拆除房屋较少、无明显推进计划，具备撤销征收决定的现实基础，行

---

① 详可参见（2020）最高法行再 276 号行政判决书。

政机关未提供证据证实集体土地征收的正当性和紧迫性，也未充分证明撤销征收决定会给国家利益、社会公共利益造成重大损害。遂判决撤销一、二审判决及案涉征收决定。

二、以案说法

本案的争议焦点在于：（1）案涉征收决定对集体土地上房屋实施征收是否有法律依据；（2）撤销该征收决定是否会对公共利益造成损害。

（一）不动产行政征收遵循"房地一体"原则

根据《中华人民共和国宪法》第十条的规定，城市土地属于国家所有，农村和城市郊区的土地原则上属于集体所有。因此社会大众无权享有土地所有权，只能享有房屋所有权和相应土地的使用权。房屋的所有权和土地的使用权既相互独立又不可分割，一方面，二者分别属于自物权和用益物权；另一方面，房屋和土地天然附和，土地使用权是取得合法房屋所有权的前提。在行政征收中，国有土地上房屋征收的对象是房屋，国有土地使用权一并征收，即"地随房走"，集体土地征收针对的是土地，地上房屋随集体土地一并收回，即"房随地走"，以确保土地使用权和房屋所有权主体保持一致。

（二）国有土地上房屋征收与集体土地征收的联系与区别

行政征收中对不动产的征收包括国有土地上房屋的征收与集体土地（及地上房屋）的征收，虽然二者都会导致公民或法人的房屋被收为国有，但其征收主体、程序、补偿安置内容和方式等方面均不同。根据《国有土地上房屋征收与补偿条例》第四条、第八条、第十七条、第十九条、第二十五条，以及《中华人民共和国土地管理法》第四十六条、第四十八条等的规定，国有土地上房屋征收由市、县级人民政府作出征收决定，补偿的范围包括被征收房屋价值、搬迁及临时安置补偿以及停产停业损失，并通过评估方式确定补偿数额；而集体土地征收需省级人民政府或国务院批准，由市、县级人民政府予以公告并组织实施，并由省、自治区、直辖市确定土地补偿费、安置补助费、地上附着物和青苗的补偿标准以及住房安置等。故此，行政机关在对不同对象进行征收时需具备相应职权、适用不同程序并采取相应补偿安置措施。

（三）撤销行政征收决定应充分考虑各方面法益

根据《中华人民共和国行政诉讼法》第七十四条第一款的规定，行政行为依法应当撤销，但撤销会给国家利益、社会公共利益造成重大损害的，人民法院应当判决确认违法。在行政征收决定的审查中，对撤销该决定是否会损害公共利益的认定，不能仅考虑行政机关是否以及开展了具体的征收工作、或征收工作进度及涉及范围等因素，并以此简单作为公共利益损害的充分条件，而应从实质上考量撤销该征收决定对公共利益的影响以及撤销的现实基础。若征收决定范围内大部分当事人已与行政机关达成补充协议或多数已经实际履行，判决确认违法而非撤销有利于维护已经稳定的法律关系、避免产生新的法律纠纷；若征收决定尚未实施或停滞，则可以判决撤销，既有利于解决项目久拖不决的问题，又可维护当事人利益。

三、专家建议

征收国有土地上房屋与征收集体土地及地上房屋应由具备相应职权的行政主体适用不同的法定程序进行，若行政机关超越法定职权、违背法律法规的相关规定作出征收决定损害行政相对人的合法权益，行政相对人可以依法向人民法院提起行政诉讼，人民法院将在充分考量各方面法益的基础上作出撤销或确认违法的判决，该违法征收决定给公民造成损失的，其还可以请求行政赔偿进行损失填补。

四、关联法条

《中华人民共和国宪法》第十条；《中华人民共和国土地管理法》第四十六条、第四十八条；《中华人民共和国行政诉讼法》第七十条、第七十四条、第八十五条、第九十条；《最高人民法院关于适用〈中华人民共和国行政诉讼法〉的解释》第一百一十七条；《国有土地上房屋征收与补偿条例》第四条、第八条、第十七条、第十九条、第二十五条。

房屋拆迁应遵循"先补偿、后拆迁"原则

　　根据我国相关法律法规以及政策的规定，我国对土地和房屋征收应当遵循"先补偿、后拆迁"原则。在实际操作上，行政机关往往会和被征收人签订拆迁补偿协议，约定过渡费和搬迁费、奖励金额等补偿标准。同时，也会约定如"在某月某日之前，被补偿人自行搬离，逾期视为放弃权属，将进行统一拆除，其住户损失自负"之类的限期搬离条款。那么，行政机关未实际进行补偿安置，仅依据该类限期搬离条款对房屋进行拆迁的行为一定合法吗？

一、案例简介

（一）基本案情

　　李某系宝鸡市渭滨区神农镇陈家村四组村民，在该组拥有宅基地并建有房屋。2013年12月31日，宝鸡市旧城改造领导小组将渭滨区神农镇陈家村列入城中村改造项目。同年，陈家村城中村改造指挥部及其办公室成立，对陈家村进行城中村改造。2015年9月16日，李某作为乙方与甲方陈家村城改办签订《拆迁过渡协议》。该协议首先约定全村实行统一的城中村改造拆迁安置补偿标准；其次，对于乙方户住房面积做了确认，约定了过渡费和搬迁费、奖励的金额；同时，约定乙方应在2015年10月15日前签订协议并腾空房屋、交付房屋钥匙，交由甲方实施拆迁。2015年

10月2日，李某将房屋腾空并向陈家村城改办交付住房钥匙。在签订《拆迁过渡协议》后，李某与渭滨区政府并未签订拆迁安置协议，李某亦未获得实际补偿。2016年8月29日，渭滨区政府办公室发文成立的连霍高速征迁办发出《关于连霍高速陈家村范围内民房限期完成征迁工作的通知》，通知"在本周五（9月2日）24时之前，自行搬离，逾期视为放弃权属，将进行统一拆除，其住户损失自负"。2016年9月11日，李某的房屋被拆除。李某不服拆除房屋的行为诉至法院，请求确认强拆其房屋的行为违法。①

（二）法院裁判

1. 一审判决

一审法院认为，陈家村的土地经法定程序批准征收，被告渭滨区政府进行征收土地公告后，具有组织实施征地方案的职责。原告李某作为乙方，与甲方陈家村城改办签订了《拆迁过渡协议》。协议中约定：全村实行统一的城中村改造拆迁安置补偿标准，乙方应于2015年10月15日前签订协议并腾空房屋、交付房屋钥匙，交由甲方实施拆迁。原告于2015年10月2日腾空房屋并向甲方陈家村城改办移交钥匙的行为表明，原告李某同意陈家村城中村改造补偿安置标准、履行了合同义务、自愿放弃了房屋权属，将房屋交由被告拆除。因此，被告渭滨区政府拆除原告李某房屋系依据《拆迁过渡协议》实施的合法行为，原告起诉请求确认被告渭滨区政府的拆除行为违法理由不能成立。故一审法院驳回李某的请求。

2. 二审判决

二审法院确认了一审法院对渭滨区政府拆除了李某房屋的认

---

① 详可参见（2016）陕03行初113号行政判决书。

定，但认为渭滨区政府拆除李某房屋的行为不符合相关法律规定，属于违反法定程序和超越法定职权的行为，故二审法院判决撤销一审判决，确认渭滨区政府拆除李某房屋的行为违法。

二、以案说法

本案的争议焦点有两个：一是原告李某的房屋是否系由渭滨区政府拆除；二是该拆除行为是否合法。

（一）拆除主体的确定

在房屋拆迁过程中，通常有政府、街道办事处和城管执法部门等部门参与，确认房屋由何人拆除是提起行政诉讼的前提性问题。依据《中华人民共和国城乡规划法》等有关规定，强制拆除房屋行为的主体认定依实际情况的不同而采取不同的认定方式。对于前置性程序行为，如违法建筑的认定、限期拆除的通知、强制拆除的决定等法律行为，出具相关法律文书或者对外发生法律效力的决定的行政机关为被告。对于因无法辨明谁具体实施的强制拆除行为等事实行为，通常采取推定行为主体的方式，人民法院根据初步证明材料并依据政府及其职能部门的相关法定职权，推定房屋被拆除的受益者为被告。

本案中，应当认定对该强制拆除行为起决定性、主导性的部门为拆迁行为的主体。陈家村的土地经法定程序批准征收，被告渭滨区政府进行征收土地公告后，具有组织实施征地方案的职责。虽然没有直接证据证明房屋由何人拆除，但是从本案的事实出发，可以推定原告李某的房屋被拆除系在连霍高速征迁办或者陈家村城改办的授意或许可下进行。根据《最高人民法院关于执行〈中华人民共和国行政诉讼法〉若干问题的解释》等规定，渭滨区政府作为本案被告适格，原告李某的房屋应认定为被渭滨区政府拆除。

（二）拆除宅基地上的房屋须以安置补偿为前提

政府和有关部门组织拆迁工作应当依法进行。根据《中华人民共和国土地管理法实施条例》《最高人民法院关于审理涉及农村集体土地行政案件若干问题的规定》等法规，应当按照先补偿后搬迁、居住条件有改善的原则进行，保障农村村民居住的权利和合法的住房财产权益。征收双方如果就房屋征收补偿问题达成一致，在征收补偿协议签订完成后，双方需要按照协议的约定，履行协议中确定的义务。这一系列事项完成后，才可表明征收方已经满足了"先补偿"这一前提原则。"先补偿"不仅指补偿的时间要早于搬迁的时间，而且应该是全部补偿、实际补偿、补偿到位。如果房屋征收部门仅仅支付了部分补偿费用，不应视为已履行了"先补偿"义务。

本案中，李某与渭滨区政府虽然签订了《拆迁过渡协议》，但该协议仅约定了过渡费、搬迁费和奖励金额等，但并未对安置地点、安置费用及支付方式等具体内容进行约定。之后，渭滨区政府就具体的其他实质性安置补偿事项，未再与李某签订补偿安置协议或者作出补偿安置行为。且本案中，渭滨区政府也没有提供证据证明李某无正当理由拒绝接受安置补偿。在此情形下，渭滨区政府拆除李某的房屋，不符合上述法律规定，属违反法定程序，超越法定职权。

三、专家建议

如果认为房屋拆迁时自己的利益受到损害，建议先向有关政府部门反映，通过协商尽快获得安置和补偿，维护自己的权益。如果协商无法取得一致意见，可以向法院提起行政诉讼。若无法辨明哪个部门具体实施了强制拆除行为，通常采取推定行为主体的方式，应根据初步证明材料并依据政府及其职能部门的相关法定职权，推定房屋被拆除起决定性作用的主体为被告。对于有关部门依据《拆迁过渡协议》等安置补偿协议中的限期条款进行强制拆除的行为，只要其没有按照"先安置，后拆迁"的原则，即属于超过职权的行为，可以请求人民法院保护自己的合法权益。

四、关联法条

《中华人民共和国土地管理法实施条例》第三十二条、第四十八条、第六十二条;《最高人民法院关于审理涉及农村集体土地行政案件若干问题的规定》第十四条。

征收补偿决定不属于行政裁决范围

行政裁决是解决民事争议的途径之一，它通常指政府有关部门在双方当事人的请求下，依照法律的规定，处理一些与行政管理活动密切相关的民事权益纠纷，如拆迁双方当事人就拆迁补偿标准的适用发生争议时，可以通过申请行政裁决来解决。那么，房屋被拆迁的公民可以以拆迁办为被申请人，就征收补偿决定的争议向人民政府申请进行行政裁决吗？人民政府可以对该纠纷作出行政裁决吗？

一、案例简介

（一）基本案情

2005年，孙某开办靖宇县松江砂场，并办理河道采砂许可证，在靖宇县花园口河道范围内开始采砂，砂场一直合法经营到2010年。为修建营松高速和鹤岗至大连高速公路靖宇县段，靖宇县人民政府于2006—2007年发布了数篇公告，禁止在高速公路用地范围内进行建筑和种植作物。2016年5月6日，孙某向靖宇县人民政府提出对其经营的位于靖宇县花园口的砂场进行征收补偿决定的申请，靖宇县人民政府在法定期限内未作出征收补偿决定。孙某以此为由，向人民法院提起行政诉讼。在该案诉讼过程中，孙某又以靖宇县人民政府拟对其作出征收补偿决定为由，提出撤诉申请，后人民法院准许其撤回起诉。2017年5月25日，靖宇县人民政府以孙某为申请人，以靖宇拆迁办为被申请人，作出行政裁决驳回申请人孙某的补偿请求。孙某不服诉至法院，请求撤销该行政裁决。①

（二）法院裁判

一审法院认为，根据《吉林省人民政府法制办公室关于加强行政裁决工作的指导意见》规定，本案中孙某经营砂场的补偿事宜不属于需要行政裁决的特定民事纠纷，且靖宇拆迁办系靖宇县人民政府的职能部门，靖宇县人民政府不应对此作出行政裁决。关于孙某经营的砂场是否应当予以补偿，靖宇县人民政府应查清相关事实，根据实际情况作出是否补偿的决定。靖宇县人民政府对孙某和靖宇拆迁办作出行政裁决违反法定程序，其作出的行政裁决依法应予撤销。二审法院维持了一审判决。

二、以案说法

本案的争议焦点在于：（1）孙某对靖宇县人民政府作出征收补偿决定的申请是否属于需要行政裁决的特定民事纠纷；（2）靖宇县人民政府是否有权针对该争议作出行政裁决。

（一）征收补偿决定不是行政裁决的对象

根据中共中央办公厅、国务院办公厅印发的《关于健全行政裁决制度加强行政裁决工作意见》，行政裁决是行政机关根据当事人申请，根据法律法规授权，居中对与行政管理活动密切相关、与合同无关的民事权益纠纷进行裁处的具体行政行为。我国法律没有对行政裁决作出统一规范，相关规定散见于多部法律法规中。一般来说，行政裁决的对象包括：（1）侵权纠纷。平等主体一方当

---

① 详可参见（2018）吉行终 135 号行政判决书。

事人涉及行政管理的合法权益受到他方侵害时，当事人可以依法申请行政机关进行制止和决定赔偿，行政机关就此争议作出裁决，如《中华人民共和国水污染防治法》第九十七条。（2）补偿纠纷。征收人和被征收人就拆迁补偿标准存在争议的可以申请人民政府裁决，如原《城市房屋拆迁管理条例》第十六条。（3）权属纠纷。当事人因土地、草原、水流、滩涂、矿产等自然资源的所有权或使用权的归属产生争议，可以申请人民政府裁决，如《中华人民共和国土地管理法》第十四条。此外，行政裁决的范围还包括国有资产产权纠纷、劳动工资、经济补偿纠纷等。需要注意的是，包括涉及民事合同的纠纷应按照《中华人民共和国民法典》的规定处理，不纳入行政裁决的范围。

（二）政府部门不应对其职能部门是否进行拆迁补偿的纠纷进行裁决

根据《关于健全行政裁决制度加强行政裁决工作的意见》的规定，行政裁决的特点在于对象的特定性，裁决的受理范围是与行政管理活动密切相关的民事纠纷，没有法律法规授权的纠纷，不纳入行政裁决的范围。原《城市房屋拆迁管理条例》第十六条规定了拆迁补偿协议的行政裁决，拆迁人与被拆迁人或者拆迁人、被拆迁人与房屋承租人达不成拆迁补偿安置协议的，经当事人申请，由房屋拆迁管理部门裁决。但是，这一《条例》已于2011年废止。目前仅适用于2011年之前启动的以拆迁许可证为拆迁合法性依据的项目中。现阶段绝大多数被征收人所拆迁补偿并不会纳入行政裁决程序当中。本案中，孙某所涉拆迁赔偿纠纷不属于行政裁决的对象范围内，且靖宇拆迁办靖宇县人民政府的职能部门，靖宇县人民政府也不应对此作出行政裁决。

（三）行政裁决的救济途径

由于行政裁决是行政机关对民事权益纠纷进行处理的具体行政行为，当事人不服行政机关对民事纠纷作出的行政裁决，既可以以民事争议的对方当事人为被告提起民事诉讼，也可以对行政裁决行为提起行政诉讼，并申请法院一并解决相关民事争议。

三、专家建议

行政裁决在一段时间内被"虚化"是不争的事实，其根本在于其缺乏像复议、诉讼一样的严格程序规定和意见表达渠道。当事人在对争议寻求行政裁决时，需要注意其争议是否属于行政裁决的范围，以及政府是否有权就该争议作出裁决。公民如果认为自己的相关利益受到损害，建议先向有关政府部门反映，请求由地方政府协调，尽快获得解决，维护自己的权益。如果协调不成的，也可以向当地的政府部门申请复议或者行政裁决，一般可在政府网站上查找当地行政裁决的主管部门和裁决程序。若对行政裁决的程序、结果感到困惑或者不公平，行政裁决并非"一裁终局"，此时应该向法院提起行政诉讼。就目前的司法实践来看，大多数的拆迁补偿纠纷会通过诉讼途径进行解决。

四、关联法条

《中华人民共和国水污染防治法》第九十七条；《中华人民共和国土地管理法》第十四条；《城市房屋拆迁管理条例》第十六条；《城市房屋拆迁行政裁决工作规程》第十条、第十一条。

政府的允诺因违法无法履行怎么办?

在拆迁补偿中,为了更快更顺利地推行拆迁、征收工作,个别行政机关常常会单方面向被拆迁主体出具《承诺书》等形式的文件,设定一定的条件并在条件满足时给予被拆迁的当事人一定的利益补偿,这种行为属于行政允诺。但在实践中由于各级拆迁部门和各地政府的规定和法律意识不同,很可能出现政府给出的"承诺"违反法律法规的情况,在这种情况下我们还能请求履行吗?若无法履行我们该怎么办?

一、案例简介

(一)基本案情

2010年,向某、荆某夫妇因省道公路改造项目建设需拆迁其房屋,与溆浦县 S308 公路改造协调指挥部签订了《房屋拆迁协议书》。2011年7月,原溆浦县江口镇人民政府对向某、荆某夫妇作出《承诺书》,其内容是"为妥善安置拆迁户,江口镇人民政府郑重承诺,同意向某、荆某夫妇在江口某街规划区享有宅基地优先购买权"。2014年11月,向某向原江口镇人民政府提出兑现承诺书的请求,原江口镇人民政府未予回复,又于2015年4月再次提交兑现承诺书的申请,江口镇政府未予回复。因此向某诉至法院,要求兑现承诺。[①]

（二）法院裁判

1. 一审判决

一审法院认为，原溆浦县江口镇人民政府与溆浦县 S308 公路改造协调指挥部向某、荆某夫妇作出承诺，出具《承诺书》，双方之间形成了一个有明确内容的行政法律关系，属于行政允诺。但是我国法律禁止宅基地买卖，也禁止城镇居民购买农村宅基地，且江口镇至今没有设立《承诺书》中所称的"新街规划区"，原江口镇人民政府与溆浦县 S308 公路改造协调指挥部承诺向某、荆某夫妇在江口镇新街规划区享有的宅基地优先购买权是虚假承诺，且违反上述法律的强制性规定，无法履行。因此，判决确认《承诺书》违法，驳回向某、荆某的诉讼请求。

2. 二审判决

二审法院认为，行政允诺的事项必须符合允诺者的职权范围，行政允诺的内容不能违反法律法规和政策规定，不能作出无原则、无界限甚至损害他人利益或公共利益的允诺。溆浦县政府、江口镇政府承诺向某夫妇享有土地优先购买权，违反了法律规定，属于承诺内容违法，政府应当采取相应的补救措施。因此，虽然一审判决存在适用法律不当和判决主文不明确导致执行困难的问题，但是判决结论并无不当，二审法院依法维持判决。

3. 再审裁定

最高院认为，二审法院对一审判决结论予以维持，且进行了充分的说理、论证，予以认可。

---

① 详可参见（2019）最高法行申 612 号行政裁定书。

二、以案说法

本案的争议焦点主要有三个：一是案涉《承诺书》承诺主体的确定；二是案涉《承诺书》的内容是否超出承诺主体的职权范围，是否违法；三是若《承诺书》无法履行，承诺主体是否应当进行赔偿以及赔偿的范围。

（一）行政允诺的合法性条件

行政允诺，是指行政主体为了实现一定的行政管理目的，依其行政职权和相应的法律法规、政策所作出的待条件成就时履行相关义务的信守性承诺。一般来说，行政允诺需要主体合法、内容合法两大合法性条件。

1. 行政允诺的主体

行政允诺的主体是行政主体，必须由具备行政主体资格的机关或组织作出行政允诺，不具备行政主体资格的组织无权作出。同时，行政允诺具有单方设定义务性。单方设定义务性是指行政主体无须就允诺事项与相对人达成合意，这是行政允诺的重要特征。一般来说，在行政协议上盖章的单位是作出承诺的承诺主体。本案中，原溆浦县江口镇人民政府与溆浦县 S308 公路改造协调指挥部为实现行政管理目标，对当事人出具《承诺书》，属于行政允诺。因此向某、荆某有权要作出承诺的主体履行承诺。

2. 行政允诺的内容

行政允诺的内容必须合法。依法行政是行政机关开展行政管理活动的基本原则，行政机关的行政行为必须有法律依据，即"法无授权不可为"，超出法定范围的允诺内容属于无效。行政主体在行政法律规范未作具体规定时，可根据行政管理的要求，就特定事宜作出承诺。然而，这些行政承诺必须在其职权范围内，且其内容不得与法律法规和政策相抵触，承诺应遵循原则，不得超越界限，更不能损害他人利益或公共利益。本案中，根据《中华人民共和国民法典》《中华人民共和国城镇国有土地使用权出让和转让暂行条例》等规定，溆浦县政府、江口镇政府承诺向某夫妇享有土地优先购买权，违反了法律规定，属于承诺内容违法。

（二）行政允诺实际不能履行时行政机关应予补救

有利于相对人的承诺，行政机关应当履行，前提是其具备履行能力。行政机关承诺的内容超出其职权、内容违法等情况将导致履行不能，行政机关应当对相对人因此产生的信赖利益损失进行必要的弥补，确保相对人实际获得利益不低于或适当高于标准的补偿。具体的补救措施一般先由双方相互协商确定；协商不成，政府应按照《国有土地上房屋征收与补偿条例》及当地实施办法的规定，参照国有土地上房屋征收补偿协议、搬迁腾空房屋的奖励标准，对当事人的房屋拆迁进行一次性的货币补偿。

三、专家建议

我国没有对行政允诺进行整体上的立法，仅仅在司法解释中规定了保障行政允诺相对人的救济权利，因此实践中部分行政允诺缺乏合理性和科学性，不具有可行性，乃至损害社会公共利益。在接受行政机关的行政允诺时，当事人可以对政府所作出承诺内容的合法性进行审查判断。对明显超出其职权范围或者违反法律法规规定的，应当审慎考虑是否接受，避免自己的期望"落空"。若是行政机关作出的行政行为因违法等原因无法履行，我们可以及时向人民法院提起行政诉讼，要求其给予合理补偿。

四、关联法条

《中华人民共和国民法典》第三百四十七条;《中华人民共和国城镇国有土地使用权出让和转让暂行条例》第十三条;《国有土地上房屋征收与补偿条例》第十九条、第二十七条。

行政奖励不得被随意取消、解除

为了激励和表彰对社会作出积极贡献或模范地遵纪守法的公民，行政机关会依照法定程序给予他们物质或精神上的奖励。但是行政奖励的政策或承诺一旦作出，便不得被随意取消、解除，否则就有违诚实守信原则，降低政府公信力。实践中，政府不履行行政奖励的情况时有发生，对此，公民要积极主张自己的合法权益，向人民法院提起行政诉讼。

一、案例简介

（一）基本案情

2014 年 4 月 5 日，贵安新区征收办与何某某签订《贵安新区房屋征收补偿安置协议》，协议约定，贵安新区征收办征收何某某家坐落于贵安新区马场镇三台村九组的住宅房屋 434.06 平方米（其中合法建筑面积 287.40 平方米），安置何某某家新房屋套内面积 390 平方米。2014 年 12 月 3 日，马场镇政府设立马场镇土地房屋征收安置工作办公室（以下简称马场镇安置办）。2015 年 9 月 5 日，贵安新区征收办印发《直管区新型社区回迁安置方案的通知》，要求贵安新区各乡镇组织开展新型社区回迁安置工作。2018 年 9 月 19 日，贵安新区征收办通知马场安置点居民在马场安置点选房中心办理回迁安置手续。同日，马场镇安置办（甲方）与何某某（乙方）签订《贵安新区房屋征收补偿安置补充协议》（以下简称补充协议），约定回迁安置通告发布之日 1 个月内，乙方办理完回迁安置相关手续，甲方按 3 个月临时安置补助费标准奖励乙方共计人民币 70200 元。何某某在签订补充协议当天办完回迁安置手续，分得安置房。马场镇政府于 2018 年 11 月 9 日向何某某支付安置奖励费 51732 元。何某某认为贵州贵安新区管理委员会（以下简称贵安管委会）、安顺市平坝区人民政府（以下简称平坝区政府）、马场镇政府未按照补充协议支付安置奖励费，诉至法院，请求判决贵安管委会、平坝区政府、马场镇政府支付其安置奖励费人民币 70200 元。[①]

（二）法院裁决

1. 一审判决

安顺市中级人民法院认为，补充协议是马场镇政府组建的马场镇安置办与何某某签订的具有行政法上权利义务内容的行政协议，该协议约定了何某某在回迁安置通告发布之日起 1 个月内办理完回迁安置相关手续，马场镇安置办按 3 个月临时安置补助费标准奖励其人民币 70200 元。何某某已经按照该协议履行了回迁安置义务，马场镇政府应该如约履行奖励义务。但是，马场镇政府仅支付给何某某安置奖励费 51732 元，尚差 18468 元，应当补足。因贵安管委会、平坝区政府不是本案适格被告，何某某对贵安管委会、平坝区政府的起诉，应予驳回。法院遂判决马场镇政府继续履行补充协议约定的奖励义务，于判决生效后 30 日内向何某某支付安置奖励费差款 18468 元，同时驳回何某某对贵安管委会、平坝区政府的起诉。

---

① 详可参见（2019）黔行终 1591 号行政判决书。

2.二审判决

贵州省高级人民法院认为，本案安置奖励费是马场镇政府为了鼓励被征收人及时入住新房，与何某某签订的协议，虽名为房屋征收补偿安置补充协议，但内容属于行政奖励协议。签约双方均有相应的行为能力，且在充分协商的基础上自愿签订，协议成立且合法有效，双方应当全面履行约定之义务。该补充协议约定，何某某在回迁安置通告发布之日起1个月内办理完回迁手续的，马场镇政府按3个月临时安置补助费标准奖励何某某70200元，奖励金额明确具体。签约当日，何某某即按约办理完回迁安置相关手续，履行了补充协议约定的义务。故马场镇政府应履行自己的承诺，向何某某支付入住奖励费70200元。马场镇政府提出其与何某某签订的补充协议因计算有误，协议应为无效的上诉理由不能成立。遂判决马场镇政府继续履行补充协议约定的奖励义务，于判决生效后30日内向何某某支付安置奖励费差款18468元。

二、以案说法

本案的争议焦点有三个：一是马场镇政府与何某某签订的行政奖励协议是否有效？二是马场镇政府可否解除行政奖励协议？三是政府不履行行政奖励时公民如何维护自身的合法权益？

（一）行政机关与公民签订的行政奖励协议的有效性

行政协议是行政机关或行政机关委托的单位为了实现行政管理或者公共服务目标，与公民、法人或者其他组织协商订立的具有行政法上权利义务内容的协议。对行政协议有效性的判断可参照适用《中华人民共和国民法典》关于民事合同的规定，包括主体行为能力、意思表示真实、不违反法律或者社会公共利益三个要件。本案中，马场镇政府为了鼓励被征收人及时入住新房，与何某某签订的协议，虽名为房屋征收补偿安置补充协议，但内容属于行政奖励协议。行政协议签约双方均有相应的行为能力，且是在充分协商的基础上自愿签订，并且不违反法律或者社会公共利益，因此协议成立，合法有效，双方应该全面履行约定之义务。

（二）行政机关不可随意取消、解除行政奖励协议

诚实守信是依法行政的基本要求，是社会主义核心价值观的重要内容。行政机关在订立行政协议后不得随意取消、解除协议，而是要遵循行政法律规范，遵循平等自愿、诚实信用、依约履责等一般原则，在公民履行了协议规定的义务后，行政机关也应及时履行自己的承诺。只有当行政奖励协议可能给国家、社会公共利益造成严重损害时，行政机关才可以例外地解除行政奖励协议。本案中，被告马场镇政府辩称行政机关依法享有行政优益权，可以单方面解除与原告订立的行政奖励协议。行政优益权是行政机关在行政合同中所享有的较行政相对人优先的权利，如依法选择合同相对方的权利、对合同履行的指挥权和监督权、单方面变更和解除合同的权利、制裁权。行政优益权的设立是为了确保行政主体有效地行使职权，切实地履行职责，圆满地实现公共利益的目标。行政机关行使行政优益权，目的必须是为了防止或消除国家利益、社会公共利益受到严重损害。本案中，马场镇政府以奖励费计算有误为由单方解除行政协议，不符合行政机关可以行使行政优益权的情形，不仅系对行政优益权的滥用，且有对抗和规避执行一审判决之嫌，有悖于诚实信用原则，因此马场镇政府不得解除行政奖励协议。

（三）行政机关不履行行政奖励时公民的维权途径

《中华人民共和国行政复议法》第十一条规定，公民、法人或者其他组织认为行政机关的行政行为侵犯其合法权益的，可以

申请行政复议。《中华人民共和国行政诉讼法》第十二条规定，公民、法人或者其他组织认为行政机关侵犯其合法权益，有权向人民法院提起诉讼。行政行为，可以是作为的，也可以是不作为的，只要公民认为其侵犯自己的合法权益，就有权申请行政复议或向人民法院提起诉讼。行政机关不履行行政奖励属于行政不作为，公民可以选择通过复议或者诉讼的方式维护自身合法权益。

三、专家建议

在实践中，行政机关为了在短时间内实现政策目标，往往会与行政相对人签订行政奖励协议，以鼓励行政相对人积极响应政府的方针政策。然而在实现政策目标后，行政机关又可能出尔反尔，以享有行政优益权为由单方解除行政奖励协议。因此公民在与政府机关签订协议时，要仔细阅读协议的条款，并及时保存协议原件、收集自己按约定履行协议的证据，在必要的时候寻求律师等法律专业人士的帮助。在行政奖励无法兑现时，要积极主张自己的合法权益。

四、关联法条

《中华人民共和国行政诉讼法》第十二条;《中华人民共和国民法典》第一百四十三条、第五百零八条;《中华人民共和国行政复议法》第十一条、第十二条。

拆迁补偿方案无效是否影响
补偿协议的效力?

　　行政协议既是一种行政行为,具有行政行为的属性,又是一种合同,体现合同制度的一般特征。人民法院对于行政协议无效的判断,既要适用行政诉讼法关于无效行政行为的规定,同时也要适用民事法律规范中关于认定合同无效的规定。

一、案情简介

(一)基本案情

　　衡阳市二环路项目自 2013 年起开始立项,项目涉及 83 户居民的拆迁工作,贺某是其中之一。贺某在 1998 年左右通过买卖获得该房屋所有权和集体土地使用证,但政府并未办理农用地转用、土地征收审批等相关手续。

　　2017 年 2 月,二环南路征拆小组公布房屋拆迁范围及房屋权属登记情况、房屋拆迁补偿依据及原则、拆迁补偿内容及标准等,作出《拆迁补偿方案》,并告知申请行政复议或提起行政诉讼的权利。2017 年 3 月,征拆小组与贺某签订了《安置补偿协议》,约定货币安置补偿总额为 29 万元,贺某已领取 25 万元,现已腾房。后来,因案外人对《拆迁补偿方案》提起行政复议,湖南省人民政府认定《拆迁补偿方案》超越职权,未批先征,违反法定程序,予以撤销。贺某随后向法院提起行政诉讼,请求确认与衡阳市政府的

《安置补偿协议》无效。^①

（二）法院裁决

1. 一审判决

涉案的《安置补偿协议》是行政协议。对于行政协议无效的判断，既要适用行政诉讼法关于无效行政行为的规定，同时也要适用民事法律规范中关于认定合同无效的规定。二环南路征拆小组与贺某签订的《安置补偿协议》并不存在行政诉讼法规定的无效情形，也不存在合同法规定的无效情形。故贺某请求确认《安置补偿协议》无效于法不符，不予支持。

2. 二审判决

原审认定事实清楚，适用法律正确，依法应予维持。

3. 再审裁定

鉴于案涉《安置补偿协议》系双方自愿情况下签订且已经得到履行，再审申请人的安置补偿权益已经得到保障，因此一、二审法院判决驳回其确认协议无效的诉讼请求，处理结果并无不当。驳回贺某的再审申请。

二、以案说法

本案涉及拆迁补偿方案和《安置补偿协议》的效力，以及若征地时，征用土地为非本人宅基地时如何进行补偿的问题。

（一）对行政协议效力的审查要兼采行政行为无效和合同无效的规定

《安置补偿协议》属于行政协议。对行政协议效力的审查，既要以《中华人民共和国行政诉讼法》第七十五条关于确认行政行

---

① 详可参见（2020）最高法行申 1761 号行政裁定书。

为无效的规定为基础，同时也要适用《中华人民共和国民法典》关于认定合同无效的规定，在依法行政原则与保护相对人信赖利益、诚实信用、意思自治等基本原则之间进行利益衡量。

行政行为无效。《中华人民共和国行政诉讼法》第七十五条规定，行政行为有行政主体不具有行政主体资格或者没有依据等重大且明显违法情形，原告申请确认行政行为无效的，人民法院判决确认无效。

合同无效。《中华人民共和国民法典》第一百四十四条、第一百四十六条、第一百五十三条、第一百五十四条规定，民事法律行为无效的情形有无民事行为能力人实施的民事法律行为无效、通谋虚伪表示行为无效、违反法律行政法规效力性强制性规定的行为无效、违背公序良俗的民事法律行为无效、恶意串通损害他人利益的行为无效。另外，"合同编"还对特殊条款、特殊合同的无效分别进行了规定。

根据前述规定，只有在行政协议存在重大、明显违法，违反法律法规的强制性规定，损害国家利益、公共利益及他人合法权益时才能确认无效，否则应当认可行政协议的效力。动辄将双方经磋商达成合意的行政协议退回原点，既阻碍行政协议功能的发挥，也有悖于行政协议当事人权利义务的及时有效实现。在本案中，《安置补偿协议》系双方自愿签订，其本身的内容并不存在前述法律规定的重大明显违法，损害国家利益、公共利益或他人合法权益等无效情形，而且《安置补偿协议》也没有载明以《拆迁补偿方案》为依据，故贺某关于市政府《拆迁补偿方案》不合法，违反了《中华人民共和国土地管理法实施条例》的强制性规定，涉案《安置补偿协议》应当无效的主张不能成立。《安置补偿协议》应当视为有效协议。

（二）征地时非本人宅基地上房屋所有者的安置补偿通过协议方式解决

《安置补偿协议》所涉及的房屋并非本集体经济组织成员在本人宅基地上的自建房屋，而系非本集体经济组织成员购买的非本人宅基地上建设的用于出售的房屋，《中华人民共和国土地管理法》对此类房屋的安置补偿标准、内容和安置补偿程序并未作出明确规定，也未规定签订《安置补偿协议》时必须以取得省级人民政府征地批复为前提，因此对此类房屋的安置补偿主要由双方在自愿协商基础上通过协议方式解决。

在本案中，当地政府也表示，如贺某自愿选择房屋安置并退回《安置补偿协议》所约定的安置补偿款，当地政府可以参照对本集体经济组织成员的房屋安置政策对其予以安置，以避免因房价上涨给其造成损失。因此，双方仍可进一步协商安置补偿形式。

三、专家建议

行政协议是现代行政管理活动的新方式，其合约性和意定性特点决定了行政协议较之传统的单方性、高权性的行政行为更灵活、更善于平衡各方利益。在签订《安置补偿协议》时，需仔细审阅合同确保意思表示真实，以防合同无效，同时提前审查拆迁补偿方案的有效性，以维护个人权益的公平实现，避免后续纠纷。

四、关联法条

《中华人民共和国行政诉讼法》第七十五条;《中华人民共和国民法典》第一百四十四条、第一百四十六条、第一百五十三条、第一百五十四条。

房屋被征收的，房屋承租人亦可请求补偿

　　根据《国有土地上房屋征收与补偿条例》第二条规定，为了公共利益的需要，征收国有土地上单位、个人的房屋，应当对被征收房屋所有权人（简称被征收人）给予公平补偿；第十七条规定，对被征收人给予的补偿包括被征收房屋价值，因征收房屋造成的搬迁、临时安置及停产停业的补偿。根据上述规定，征收补偿的对象通常应当是被征收房屋的所有权人，但涉及用于经营的房屋被征收的情况，因征收给承租人造成的房屋装修、搬迁费用及停产停业损失等，该损失与房屋征收行为之间存在利害关系，承租人有权要求补偿。

一、案情简介

（一）基本案情

　　2014年12月，A图书馆作为甲方与乙方B茶馆经营者厉某签订《房屋租赁协议书》一份，约定：甲方自愿将案涉商铺房屋出租给乙方；租期为10年，从2014年1月1日至2024年1月1日；如政府确有政策行为的，甲方必须在第一时间内通知乙方，并有责任和义务共同协商解决办法，同时，共同协商补偿协议，甲方不可擅自单方签订任何协议与合同。2017年3月，当地政府因文物保护与整体改建项目建设需要，作出《房屋征收决定书》，决定征收当地范围内国有土地上的近4000户房屋。房屋征收部门

为当地古镇文化旅游开发建设管理委员会，房屋征收实施单位为当地人民政府。B 茶馆租用 A 图书馆的房屋位于上述房屋征收决定的范围内。2017 年 8 月，A 图书馆与当地人民政府针对案涉房屋达成了产权置换的补偿协议。

后厉某起诉当地政府，请求判令当地政府依法履行向厉某（B 茶馆）进行补偿和赔偿的法定职责。①

（二）法院裁决

1. 一审裁定

B 茶馆系被征收国有土地上房屋的承租人，不具有直接向征收人提出补偿请求的权利，不具有原告主体资格。

2. 二审裁定

房屋实际经营者可通过房屋所有权人即被征收人，向政府房屋征收机构提出相应的补偿要求；但是，B 茶馆未根据《国有土地上房屋征收与补偿条例》规定或《房屋租赁协议书》的约定通过涉案房屋所有权人向房屋征收机构提出相关的补偿要求，故维持一审裁定。

3. 再审裁定

补偿义务主体既不在其与房屋所有权人签订的《安置补偿协议》或者作出的补偿决定中给付承租人独立的补偿利益，也不另行与承租人签订《安置补偿协议》或者作出补偿决定解决承租人独立的补偿利益问题，则房屋承租人有权以自己名义主张独立的补偿利益。当地政府在与厉某协商未能达成协议后，径行与房屋所有权人签订《安置补偿协议》；且该《安置补偿协议》也未约定有关 B 茶馆停产停业损失、装修费用等的补偿，其后又未就上述

---

① 详可参见（2020）最高法行再 110 号行政裁定书。

补偿问题另行对厉某（B茶馆）作出补偿决定，明显存在侵犯厉某（B茶馆）补偿利益的可能性。厉某（B茶馆）的起诉符合法定条件，人民法院依法应当予以受理。

三、以案说法

根据本案，我们可以知道承租人在承租房屋被征收时能够请求征收补偿，一般不能直接向征收人请求赔偿，但在特定情形下也有直接请求征收补偿的情况。

（一）承租人可请求房屋征收补偿

《国有土地上房屋征收与补偿条例》第十七条第一款规定，作出房屋征收决定的市、县级人民政府对被征收人给予的补偿包括：（1）被征收房屋价值的补偿；（2）因征收房屋造成的搬迁、临时安置的补偿；（3）因征收房屋造成的停产停业损失的补偿。补偿项目中包含了属于实际经营者（房屋承租人）的损失补偿内容，如对被征收房屋的装饰（不可分割的添附）部分的房屋价值补偿，对停产停业损失的补偿等。因此，房屋实际经营者（承租人）可通过房屋所有权人即被征收人向政府房屋征收机构提交相关证据材料，并提出相应的补偿要求，经协商一致达成补偿协议或者由作出房屋征收决定的人民政府依法作出补偿决定。

（二）承租人在部分情况下可以直接向征收人请求赔偿

一般而言，法院不支持直接向征收人请求赔偿。法院一般认为房屋承租人与房屋所有权人之间的房屋租赁关系属于民事关系，应当依据双方租赁合同的约定通过民事诉讼程序另行解决。因此，法院通常以承租人与房屋征收行为之间不具有利害关系、因而不能成为行政诉讼的原告为由不予立案。

但是在部分情况下，承租人可以直接向征收人请求补偿。例如根据本案例，征收人明知承租人的存在，但未与房屋所有权人或者承租人达成任何补偿安排，或者承租人因征收行为遭受实际经济损失（如装修损失、停产停业损失等）的，此时可认定承租人与房屋征收行为之间具有利害关系且有权独立提起行政诉讼。

三、专家建议

作为实际使用和经营被征收房屋的承租人，若因政府征收而导致无法继续履行租赁合同，在客观上会遭受较大的经济损失。但现行法规未对承租人在该种情况下的征收补偿请求权作出明确规定，且具体补偿分配标准多受限于当地的司法实践及法官的自由裁量，因此承租人可以提前在租赁合同中作出明确约定，从而在实际处理房屋租赁业务或相关征收补偿纠纷时有效便利行使请求权。

四、关联法条

《国有土地上房屋征收与补偿条例》第二条、第十七条。

房屋征收补偿决定须充分保障
被征收人权益

房屋作为公民和法人的安身立命之所,在家庭和谐和社会安定中具有不可替代的重要地位。个人的房屋被征收后,行政机关须依法给予相关补偿,使被征收人为公共利益让步而遭受的损失最小化。而实践中却常出现征收部门违背法定程序作出房屋征收补偿决定的现象,因此,被征收人权益保护是房屋征收补偿过程中的焦点问题。

一、案例简介

(一)基本案情

2016 年 12 月 5 日,七里河区政府作出《征收决定》,对甘肃建筑职业学院新校区扩建项目建设范围内房屋及附属物进行征收,签约期限为评估机构选定结果公布之日起第 7 天开始的 20 日内。同日,七里河区政府作出《征收公告》,对《征收决定》内容进行了公布,并将《征收公告》在征收范围内予以张贴告知。马某位于七里河区 ×× 号的自建(无证)房屋在征收范围内。

2016 年 12 月 6 日,房屋征收部门、实施单位和建筑职业学院就相关征收补偿事宜召开会议,会议形成决议确定由征收实施单位组织征收范围内的被征收人协商选择评估机构。2016 年 12 月 8 日,房屋征收部门作出相关通告,确定某估价公司为案涉项目房屋征收评估机构，签约期限为 2016 年 12 月 14 日至 2017 年 1 月 2 日。2016 年 12 月 16 日，某估价公司就马某位于七里河区 ×× 号的房屋作出《房屋征收价值评估分户表（初始）》。因马某与房屋征收实施单位在签约期限内未达成安置补偿协议，七里河区政府于 2017 年 1 月 17 日作出《补偿决定》。2017 年 1 月 19 日，七里河区政府向马某送达了《房屋征收价值评估分户表（初始）》和《补偿决定》。

后马某不服，向法院提起诉讼，请求撤销《补偿决定》并判令七里河区政府重新作出合法的行政行为。[①]

（二）法院裁决

1. 一审判决

一审法院认为，被征收房屋性质及补偿对象认定无误，被征收房屋价值认定合理，被征收房屋的附着物价值和搬迁补偿等费用均得到合理补偿，因马某未与房屋征收部门就补偿安置方式达成协议，以货币补偿方式进行补偿并无不当，征收补偿决定程序合法，遂判决驳回马某诉讼请求。

2. 二审判决

二审法院认为，一审判决认定事实清楚，适用法律法规正确，马某的上诉理由不能成立，遂驳回马某上诉请求，维持原判。

3. 再审判决

最高人民法院认为，《房屋征收价值评估分户表（初始）》与《补偿决定》同日送达，导致马某丧失对评估结果申请复核评估及鉴定的权利，难以认定评估价格确不低于市场价格；房屋征收部门未能充分证明其已对案涉自建（无证）房屋建筑面积进行调查、

---

① 详可参见（2020）最高法行再 8 号行政判决书。

登记、认定和处理，即确定案涉房屋面积和补偿方式，因此七里河区政府作出《补偿决定》主要证据不足，遂判决撤销一、二审判决、撤销案涉《补偿决定》，并判令七里河区人民政府重新作出补偿决定。

二、以案说法

本案的争议焦点有两个：一是行政补偿决定被起诉时，对行政征收决定如何审查；二是本案中的征收补偿决定是否合法。

（一）行政征收和行政补偿决定属于相对独立的可诉行政行为

具体行政行为是行政机关或被授权、委托的组织、机关依据法定职权和程序，对特定的公民、法人或其他组织作出的、影响其权利义务的单方行政行为，如行政许可、行政强制、行政处罚、行政征收或征用等，均属于人民法院行政诉讼的受案范围。根据《国有土地上房屋征收与补偿条例》第八条的规定，国有土地上的房屋征收决定由市、县级人民政府作出。而市、县级政府作出的行政征收决定是行政征收补偿决定的基础和根本前提，但二者属于两种相对独立的具体行政行为，均具有可诉性，行政相对人或利害关系人可以对其分别提起诉讼。

《中华人民共和国行政诉讼法》第六条规定："人民法院审理行政案件，对行政行为是否合法进行审查。"若被诉行政行为是行政补偿决定而非行政征收决定，那么法院对于房屋征收决定就不宜按照一般标准对其"合法性"进行审查，而是从房屋征收决定与补偿决定之间的基础性关系角度切入，将房屋征收决定明确为"证据"，主要从证据的关联性、合法性、真实性等方面进行审查。对此，最高人民法院认为，如果房屋征收决定尚未依法作出，或房屋征收补偿决定针对的房屋与房屋征收决定中被征收的房屋无关，或是房屋征收决定出现《中华人民共和国行政诉讼法》第七十五条规定的重大且明显违法情形而构成无效行政行为，则被诉的房屋征收补偿决定应被认定为主要证据不足，属于可撤销的行政行为。

同样，当事人对行政征收决定不服而提起诉讼，若房屋征收决定被撤销，则补偿决定将丧失主要证据；若房屋征收决定被确认违法但未被撤销，则此决定仍具有公定力。在未经法定机关和法定程序撤销或变更之前，都推定为有效行政行为，对行政机关、相对人、其他利害关系人以及其他国家机关仍具有约束力，可以作为后续房屋征收补偿决定的依据，后续征收决定不因前行政行为违法而当然违法。①

（二）房屋征收部门不能变相侵害被征收人的合法权益

《征补条例》第十九条第一款、第二款规定："对被征收房屋价值的补偿，不得低于房屋征收决定公告之日被征收房屋类似房地产的市场价格。被征收房屋的价值，由具有相应资质的房地产价格评估机构按照房屋征收评估办法评估确定；对评估确定的被征收房屋价值有异议的，可以向房地产价格评估机构申请复核评估。对复核结果有异议的，可以向房地产价格评估专家委员会申请鉴定。"可见，在房屋征收过程中，评估机构提供的被征收房屋评估报告是作出补偿决定的基础，而被征收人对评估价格享有对评估结果申请复核评估及鉴定的权利，若评估机构作出的《分户评估报告》与《行政征收补偿决定》同时送达行政相对人，则行政相对人将失去在《补偿决定》作出前申请复核评估及鉴定的机会，即使评估机构作出评估标准价，也无法据此认定该评估价格

---

① 详可参见（2017）最高法行申 8174 号行政裁定书。

符合法律规定，那么相关补偿决定将缺失"房屋价值"这一主要证据，导致相关行政征收行为可撤销。

三、专家建议

第一，行政相对人或利害关系人认为行政机关的房屋征收决定或补偿决定侵犯其合法权益，均可以提起行政诉讼寻求救济。若不服房屋征收补偿决定，应选择从其基础性行为房屋征收决定的合法性角度切入，需要对其具有重大且明显违法情形进行主张和证明，若仅证明该征收决定有可撤销情形，将难以得到法院支持。

第二，被征收人对被征收房屋价格评估有异议的，有权向房地产价格评估机构申请复核或向房地产价格评估专家委员会申请鉴定，若房屋征收部门变相挤压被征收人的合法权益，被征收人可以依法提起行政诉讼寻求救济。

四、关联法条

《中华人民共和国行政诉讼法》第六条、第十二条、第七十条、第七十四条;《国有土地上房屋征收与补偿条例》第八条、第十九条。

房屋征收补偿价格评估应确定合理时点

根据《国有土地上房屋征收与补偿条例》的相关规定，为了公共利益的需要征收国有土地上的房屋时，对被征收人的补偿应以"公平补偿"为原则。而对被征收人给予公平补偿的重要环节就是合理评估被征收房屋的价格。

一、案情简介

（一）基本案情

2013 年 7 月 19 日，福州市鼓楼区人民政府作出《房屋征收决定书》并公告，同日公布《征收补偿方案》，明确补偿实行货币补偿和产权调换相结合的方式。居某 1、李某、居某 2 共同居住使用的房屋位于征收决定的红线范围之内。因居某 1 等 3 人在征收补偿方案确定的签约期限内未与房屋征收部门达成补偿协议，涉案项目选定的房地产价格评估机构对被征收房屋价值进行了评估，评估时点为房屋征收决定公告之日即 2013 年 7 月 19 日。评估机构于 2013 年 11 月 5 日作出 54 号《房地产估价报告》，确定被征收房屋房地产市场价格为 1244814 元，单价为 12697 元／平方米。后评估机构于 2015 年 9 月 15 日作出 126 号《房地产估价报告》，确定产权调换的拟建安置房屋房地产市场价格为 1381749 元，单价为 11364 元／平方米。鼓楼区房屋征收处于 2016 年 3 月 31 日向居某 1 等 3 人送达《房地产估价报告》。2016 年 5 月 23 日，鼓楼区政府对居某 1 等 3 人作出 13 号《福州市鼓楼区人民政府房屋征收补偿决定书》(以下简称《补偿决定书》),决定对被征收房屋以产权调换方式安置现房鼓楼区杨桥 × × 楼 × × 单元,建筑面积 121.59 平方米的住宅,产权调换差价款为 136935 元。居某 1 等 3 人对补偿决定不服,于 2016 年 7 月 28 日向法院提起行政诉讼。[①]

(二)法院裁决

1. 一审判决

一审法院认为,鼓楼区政府具有对本行政区域房屋作出征收决定及补偿决定的法定职责,其作出 13 号《补偿决定书》,权力来源合法;被征收房屋和产权调换房屋的估价时点符合规定,评估程序亦无明显不当,且评估人员未进入涉案房屋内部进行现场查勘系因为被征收人的原因所致,因此两份《估价报告》可作为补偿决定的依据。因此 13 号《补偿决定书》认定事实清楚,适用依据正确,程序合法,遂判决驳回居某 1 等人的诉讼请求。

2. 二审判决

二审法院认为,鼓楼区政府作出的征收补偿决定并无不当,一审判决认定事实清楚,适用法律正确,程序合法,应予维持,遂判决驳回上诉,维持一审判决。

3. 再审判决

最高人民法院认为,鼓楼区政府作出 13 号《补偿决定书》,确定以产权调换方式进行补偿安置,并以市场评估价方式确定被征收房屋与产权调换房屋的差价,符合相关法律法规的规定;但在无正当理由的情况下,迟延履行补偿安置义务,则应承担房屋价格上涨带来的风险。一、二审法院支持鼓楼区政府以征收决定

---

① 详可参见(2018)最高法行再 202 号行政判决书。

作出之日为评估时点确定房屋价格，系对《征补条例》及相关规定的错误理解，应予纠正。遂判决撤销一、二审判决及案涉补偿决定关于评估价格的相关内容，责令鼓楼区政府以征收补偿决定作出时间为评估时点依法确定差价款。

二、以案说法

本案的争议焦点在于：行政机关在房屋评估报告载明有效期内未与被征收人订立补偿安置协议，无正当理由拖延作出补偿决定，征收决定公告时点与补偿决定作出时点出现明显延迟，且被征收房屋价格明显上涨，征收决定公告时点是否仍为房屋价格评估时点。

（一）被征收房屋价值评估时点为房屋征收决定公告之日

根据《国有土地上房屋征收与补偿条例》第十九条和《国有土地上房屋征收评估办法》第十条的规定，对被征收房屋价值进行评估的时间点为征收决定公告之日，且用于置换的房屋价值评估时点应与前述时点一致。换言之，行政机关征收国有土地上房屋对被征收人以房屋产权置换的方式进行补偿时，应以征收决定公告之日的市场价格评估被征收房屋及置换房屋的价值。

（二）征收决定公告时点与补偿决定作出时点差距较大，被征收房屋价格波动大，应以补偿决定作出时为评估时点

根据《国有土地上房屋征收与补偿条例》第二条、第十九条、第二十六条的规定，市、县级人民政府征收房屋时，应给予被征收人公平补偿，而公平补偿的基本含义是不低于房屋征收决定公告之日被征收房屋类似房地产的市场价格；若征收部门与被征收人在征收补偿方案确定期间内无法达成补偿协议，则应由征收部门报请作出征收决定的市、县级人民政府根据补偿方案作出补偿决定并公告。此外，根据《房地产抵押估价指导意见》第二十六

条的规定，房地产估价报告自报告出具之日起计算，不得超过1年，超过有效期使用该报告的，使用者应承担相关责任。然而确定被征收房屋价值及补偿金额时，不能僵化使用上述第十九条的规定，一概以征收决定公告之日作为评估时点，须以"公平补偿"为根本原则，充分考量房地产市场价格波动及被征收人的合法权益等因素。最高人民法院指出，若征收决定公告日与补偿决定作出日或实际支付货币补偿金日之间出现明显延迟，则难以保证被征收人获得公平补偿。因此，市、县级人民政府公告征收决定后，应及时与被征收人签订补偿协议或作出补偿决定，固定各方权利义务，若未能在评估报告有效期内及时进行补偿，则应考虑当地房地产价格波动幅度、归责于被征收人的原因以及行政机关的原因等因素，决定是否另行确定评估时点。

（三）被征收人应自行承担拒不配合房屋征收补偿调查的不利后果

根据《国有土地上房屋征收评估办法》第二十八条的规定，房屋征收评估过程中，被征收人拒不配合征收与补偿调查的情况应在评估报告中说明。而由此造成的不利后果，应由被征收人自行承担。故此，若因被征收人不配合相关评估机构入室进行实地调查评估，评估机构参照同地段、同户型房屋进行价格评估，若评估报告中房屋性质、新旧程度、平面布局等方面与实际情况存在差异而导致评估价格与实际不符的，被征收人应承担此不利后果。

三、专家建议

有关行政机关和房屋征收部门在征收国有土地上房屋的过程中，若因行政机关一方的原因导致征收决定公告之日与补偿决定作出之日存在不合理延迟，行政机关仍以征收决定公告之日作为补偿评估时点的情况下，被征收人可以依法向人民法院提起行政诉讼，请求撤销相关补偿决定或确认其违法。

被征收人应配合相关征收部门和评估机构进行房屋征收及补偿的评估和调查，否则被征收人将承担因其自身原因导致的房屋评估价格与实际市场价格存在出入等不利后果，若其对评估价值有异议，可以根据《征补条例》第十九条的规定申请复核和鉴定。

四、关联法条

《国有土地上房屋征收与补偿条例》第二条、第十九条、第二十六条;《国有土地上房屋征收评估办法》第十条、第二十八条;《房地产抵押估价指导意见》第二十六条。

行政补偿的适用范围及补偿金额的确定依据

行政补偿是我国法律制度中的一项重要原则，旨在保障行政相对人的合法权益，平衡公共利益与个人权益之间的关系。在行政补偿实践中，补偿情形多样，补偿范围广泛，补偿金额的确定也具有一定的复杂性。

一、案情简介

（一）基本案情

2015年10月，黄石市中级人民法院判决黄石市安全生产监督管理局（以下简称黄石安监局）因在黄石市人民政府禁鞭工作下印发《调整通知》同意调整盛美公司的烟花爆竹批发经营范围的行为，在90日内对盛美公司作出行政补偿决定。

2016年5月，黄石安监局委托审计公司对盛美公司因禁鞭调整公司经营范围导致的解除职工劳动关系支出、门面房退租支出、订货损失和积压商品过期报废损失等进行了审计，审计报告结论为：（1）解除职工劳动关系支出3万元；（2）门面房退租支出合计为20万元；（3）订货损失25万元；（4）积压商品过期报废损失96万。合计144万元。同年7月，盛美公司委托另一审计公司对该公司专用仓库的投资、开办费用、投资期间的财务费用、看护过期商品所发生的人工费用进行了审计，审计报告结论为：（1）专用仓库的投资总额（含土地）231 万元，已支出 207 万元；（2）开办费用合计 49 万元；（3）投资期间的财务费用 271 万元；（4）看护过期商品所发生的人工、费用合计 35 万元。合计 586 万元。

2017 年 1 月 24 日，黄石安监局向盛美公司作出《补偿决定书》，决定支付盛美公司补偿 83 万元。因盛美不服该补偿决定，提起行政诉讼请求判令按审计报告确认的数额补偿 648 万元。①

本案审理过程中，黄石市出台机构改革方案，新组建黄石市应急管理局，整合黄石安监局职能，不再保留黄石安监局。2019 年 2 月 27 日，黄石市应急管理局正式挂牌。

（二）法院裁决

1. 一审判决

黄石安监局仍未在规定的期限内作出补偿决定书，属程序轻微违法。另外，黄石安监局变更了盛美公司的烟花爆竹批发布点规划，造成经营范围的变化，事实上撤回、变更了对盛美公司的行政许可，由此对盛美公司造成的经济损失，黄石安监局应予以补偿。最终，一审法院判决撤销《补偿决定书》，黄石安监局向盛美公司补偿人民币 376 万元。

2. 二审判决

黄石安监局按审计报告确定数额的 50% 补偿未能合理、公正弥补盛美公司的实际损失。考虑到市场经营规则、已给予时间消耗库存、调整经营区域等因素，确定盛美公司本案积压过期商品的 80% 因黄石安监局的行为造成，更加符合客观实际。故对积压商品过期报废损失，黄石市应急管理局应当补偿盛美公司 77 万元（96×80%）。

---

① 详可参见（2018）鄂 02 行终 63 号行政判决书。

最终，二审法院判决黄石市应急管理局应当补偿盛美公司共112万元，扣除已经先行支付的83万元，黄石市应急管理局还应补偿盛美公司29万元。

三、以案说法

人民法院审理行政补偿案件，一般情况下就被告是否应当承担行政补偿责任以及原告行政补偿诉讼请求是否成立进行审理和裁判。

（一）行政补偿的一般情形

行政补偿的一般情形主要包括以下四个方面：其一，征收征用补偿。《国有土地上房屋征收与补偿条例》第二十四条第二款规定，对认定为合法建筑和未超过批准期限的临时建筑的，应当给予补偿；对认定为违法建筑和超过批准期限的临时建筑的，不予补偿。当事人要求行政机关补偿其合法权益损失，应予支持，但是在确定补偿数额时应区分合法建筑及违法建筑，准确确定补偿数额。《中华人民共和国土地管理法》第四十八条第一款规定，征收土地应当给予公平、合理的补偿，保障被征地农民原有生活水平不降低、长远生计有保障。其二，行政许可补偿。根据《中华人民共和国行政许可法》第八条，在行政许可过程中，因公共利益需要，取消或者变更已经颁发的行政许可，给申请人造成损失的，应当给予补偿。其三，环境保护补偿。根据《中华人民共和国环境保护法》第三十一条，国家加大对生态保护地区的财政转移支付力度。有关地方人民政府应当落实生态保护补偿资金，确保其用于生态保护补偿。国家指导受益地区和生态保护地区人民政府通过协商或者按照市场规则进行生态保护补偿。其四，其他因行政行为造成损失需要补偿的情形。本案为在行政机关变更或撤回行政许可的情形下涉及的行政补偿。

（二）行政补偿范围及金额

行政补偿是指行政主体因行使职权造成行政相对人合法权益损失，依法应当给予弥补的制度。行政补偿的范围和金额确定，通常需要依据以下五个方面：

1. 法律规定：行政补偿的范围和金额首先由相关法律法规规定。比如《最高人民法院关于审理行政许可案件若干问题的规定》第十五条中对于补偿标准作出解释：法律法规、规章或者规范性文件对变更或者撤回行政许可的补偿标准未作规定的，一般在实际损失范围内确定补偿数额；行政许可属于《中华人民共和国行政许可法》第十二条第（二）项规定情形的，一般按照实际投入的损失确定补偿数额。《中华人民共和国行政许可法》第十二条第（二）项规定情形，即有限自然资源开发利用、公共资源配置以及直接关系公共利益的特定行业的市场准入等，需要赋予特定权利的事项。

2. 征收补偿方案：在具体征收项目中，征收补偿方案会详细规定补偿的范围、标准和计算方法。这些方案通常会考虑被征收人的损失程度、征收标的的市场价值、征收对被征收人生活的影响等因素。

3. 征收双方的协商：在征收过程中，征收主体与被征收人可以就补偿范围和金额进行协商。双方可以依据法律法规和征收补偿方案，达成一个双方都能接受的补偿协议。

4. 评估鉴定：在双方协商不成或者对补偿金额有争议的情况下，可以委托具有资质的评估机构进行评估鉴定。评估机构会根据相关法律法规、市场行情等因素，给出一个补偿金额的评估意见。

5. 司法裁决：如果双方对补偿金额仍有争议，可以依法向人民法院提起诉讼。法院会依据法律规定、征收补偿方案、评估意见等，作出一个补偿金额的裁决。

在确定行政补偿金额时，通常会考虑被征收财产的市场价值；征收行为对被征收人造成的直接经济损失；被征收人的年龄、职业、家庭状况等，对其生活影响程度；征收行为对被征收人未来的影响，如搬迁费用、重新安置成本等补偿因素。本案的行政补偿金额就参考了市场经营规则、已给予时间消耗库存、调整经营区域等因素。

三、专家建议

当被补偿人在对补偿金额不服并向法院提起诉讼主张时，根据程序法的规定，其需要承担举证责任。这意味着被补偿人需要提供客观、真实的损失评估证明和证据，如合同、账目、银行记录等，以证明其主张的补偿金额是基于实际损失的合理估算，从而得到法院的采信和支持。

四、关联法条

《国有土地上房屋征收与补偿条例》第二十四条第二款；《中华人民共和国土地管理法》第四十八条第一款；《中华人民共和国行政许可法》第八条第二款、第十二条第（二）项；《中华人民共和国环境保护法》第三十一条；《最高人民法院关于审理行政许可案件若干问题的规定》第十五条。

四、诉权保障

公民需"珍惜"行政诉讼起诉权

行政批准既包括行政机关内部批准，又包括行政机关基于自然人、法人或其他组织的申请作出的批准，一般而言，只有对公民权利义务产生实际影响的行政批准行为才具有可诉性。诉权是公民的基本权利，实践中会有公民签订放弃诉权的协议，诉权可以约定放弃吗？

一、案例简介

（一）基本案情

苏州富都房产开发有限公司（以下简称富都公司）于 2003 年 4 月 25 日由江苏省人民政府批准为台港澳侨投资企业，原法定代表人为陈某，股东为陈某和李某。2006 年 3 月 16 日，陈某将持有的全部股份转让给高某，李某将持有的全部股份转让给林某，以上股权变更被吴江市商务局（原为吴江市对外贸易经济合作局，以下简称外贸局）批准，并在工商部门办理变更登记。2007 年 1 月 23 日，林某向外贸局要求开展特别清算，外贸局于 1 月 26 日作出吴外经企字〔2007〕141 号文件"关于同意苏州富都房产开发有限公司进行特别清算的通知"。富都公司于 2 月 23 日收到该通知后，于 3 月 28 日向江苏省政府申请行政复议。2007 年 4 月 5 日，江苏省政府法制办告知富都公司：可以向吴江市人民政府或苏州市对外贸易经济合作局申请行政复议。

2007 年 9 月 15 日，富都公司特别清算委员会、高某、李某、林某代理人在苏州市中级人民法院达成协调备忘：其中一方高某、李某书面表示对外贸机关的批准行为放弃行政复议和行政诉讼的权利，林某和富都公司特别清算委员会在其他方面作出一定让步。

2009 年 8 月 27 日，富都公司向苏州市对外贸易经济合作局申请行政复议，外贸局于同年 9 月 1 日作出不予受理通知书。2009 年 11 月 26 日，富都公司、高某、李某针对外贸局的通知，向吴江市人民法院提起行政诉讼。①

（二）法院裁决

吴江市人民法院经审理认为，起诉权是公民的基本权利，放弃起诉权并不意味着不能在法定期限内依法提起诉讼。但是，李某出让股权后与本案所涉的具体行政行为不具有法律上的利害关系，不具有行政诉讼主体资格；高某和富都公司于 2009 年 11 月 26 日向法院提起行政诉讼，已经超过法律规定的最长起诉期限。裁定驳回原告富都公司、高某、李某的起诉。

二、以案说法

本案的争议焦点主要有两个：一是行政批准行为是否可诉；二是公民的行政诉讼起诉权能否事先放弃。

（一）行政批准行为一般情况下均可诉

行政批准分为行政机关内部批准和行政机关基于自然人、法人或其他组织的申请作出的批准。上级机关基于下级机关的请示所作的批准或批复行为性质上属于上下级行政机关之间的内部行为，只影响行政机关的内部，并非行政机关对外履行行政管理职

---

① 详情参见（2010）苏中行终字第 0060 号行政判决书。

能，对行政机关外部的公民、法人或者其他组织不发生权利义务关系，且内部行为存在内部的救济机制，故不具有可诉性。如果是行政机关根据自然人、法人或者其他组织机构提出的申请，经过依法审查作出的批准行为，该批准行为对公民、法人或其他组织权利义务产生实际影响，且具备独立性或直接外化，则具备可诉性。但针对该行政批准的诉讼应在合理期限内提出，《中华人民共和国行政诉讼法》第四十六条规定，公民、法人或者其他组织直接向人民法院提起诉讼的，应当自知道或者应当知道作出行政行为之日起6个月内提出。法律另有规定的除外。因不动产提起诉讼的案件自行政行为作出之日起超过20年，其他案件自行政行为作出之日起超过5年提起诉讼的，人民法院不予受理。本案中，外贸局的批准行为对高某和富都公司的权利义务产生了实际影响，具有可诉性，但高某和富都公司于2009年11月26日才向法院提起行政诉讼，已经超过法律规定的6个月起诉期限。

（二）公民的行政诉讼起诉权一般不得事先放弃

行政诉讼法是公法，行政诉讼法律关系是当事人与法院之间的公法关系，公法上法律关系不得由当事人以私人间的合意加以随意变更。富都公司、高某、李某的起诉权是不能在事先放弃的，富都公司、高某、李某可以在起诉期限内不提起行政复议和行政诉讼来在事实上放弃行政复议和行政诉讼的权利，但在协调备忘中对己方行政复议和行政诉讼权利的放弃是无效的。当然，对于因富都公司、高某、李某违反约定进行起诉而给对方造成损失的情况，相对方可以根据违约责任的规定，要求起诉权人（高某、李某）承担违约责任。

三、专家建议

首先，行政诉讼法既要保护当事人的合法诉权，也要依法督促当事人及时行使诉权，还要追求及时稳定行政法律关系、维持社会公共秩序之价值。在实践中，常有公民因超过起诉期限而被法院裁定不予受理，使得自身合法权益无法得到救济，因此公民需要及时行使自己的诉讼权利。其次，行政批准行为只要对公民的权利义务产生了实际影响，那么该批准行为就是可诉的，若只是行政机关内部的批准行为，未对外产生效力，则该批准行为不可诉。

另外，公民的行政诉讼起诉权不得事先放弃。一般而言，公民可以采取不起诉的方式事实上放弃起诉权，但不能通过事先达成协议的方式自愿放弃起诉权。但是实践中也有部分法院认为，当事人在自愿放弃权利之后继续行使诉权，有违诚实信用原则。因此公民不宜签订涉及放弃诉权的协议，以免在自身权益受到侵害时无法得到法律救济。

四、关联法条

《中华人民共和国行政诉讼法》第一条、第四十六条。

城镇总体规划一般不具有可诉性

　　就城镇总体规划可诉性而言，总体规划内容实施尚有不确定性，且需借助详细规划尤其是修建性详细规划才能实施，更需要通过"一书两证"才能得以具体化。对总体规划的监督既可以通过《中华人民共和国城乡规划法》（以下简称《城乡规划法》）第十六条等规定的民主审议程序进行，也可以通过专业判断和公众参与等程序进行，但不宜通过司法审查程序监督。

一、案情简介

（一）基本案情

　　原告某强公司是一家在当地政府招商引资下建立的企业，主要从事危险化学品的生产与销售。该公司在2007年获得了《建设用地规划许可证》，并在2009年建起了厂房。随后，当地政府在2012年启动了《总体规划（2008—2025）评估报告》的修编工作，并在2013年发布了新的《总体规划（2012—2030）》，变更了包括原告厂区范围在内的周边用地规划，将原告的用地规划为道路用地和行政办公用地。原告某强公司于2017年提起诉讼，认为当地政府在修编过程中未征求其意见，擅自改变了其土地的规划用途，并且没有对原告作出搬迁补偿、安置的情形下就实施新的规划，损害了自身合法权益，并造成安全生产隐患，请求法院确认违法并撤销上述《总体规划（2012—2030）》。①

（二）法院裁决

1. 一审裁定

城乡总体规划是对不特定的多数人制定的拟定计划行为，具有普遍适用性与约束力，不属于人民法院行政诉讼受案范围，裁定驳回某强公司的起诉。

2. 二审裁定

本案系行政规划纠纷。被诉的《总体规划（2012—2030）》批准日期是 2013 年，某强公司对审批行为不服提起诉讼应在 6 个月起诉期限内提出，但某强公司在 2017 年提起本案诉讼，超过了法定的起诉期限。裁定驳回上诉，维持原裁定。

3. 再审裁定

人民法院不受理公民、法人或者其他组织对行政机关制定、发布的具有普遍约束力的决定、命令提起的诉讼，城市总体规划和城镇总体规划，不应纳入行政诉讼受案范围，以避免现行法律制度框架下原告资格、起诉期限、合法性审查标准和审查强度、既判力范围等方面的冲突。某强公司的起诉不属于行政诉讼受案范围。一、二审人民法院分别裁定驳回其起诉和上诉，符合法律规定。驳回某强公司的再审申请。

二、以案说法

通过本案，我们可以认识建设项目的"一书两证"文件，分辨城镇规划的总体规划和详细规划，并了解如何在城镇规划侵犯权益时进行监督和维权。

---

① 详可参见（2019）最高法行申 10407 号行政裁定书。

（一）建设项目"一书两证"概念

根据《城乡规划法》，"一书两证"是指城市规划行政主管部门核准发放的建设项目选址意见书、建设用地规划许可证和建设工程规划许可证。其中，建设项目选址意见书是城市规划行政主管部门审核建设项目选址的法定凭证，也是土地部门提供土地，计划部门项目立项的依据。建设用地规划许可证是建设单位在向土地管理部门申请征用、划拨土地前，经城市规划行政主管部门确认建设项目位置和范围符合城市规划的法定凭证，也是出让类土地办理土地权证的法定凭证。建设工程规划许可证是有关建设工程符合城市规划要求的法定凭证，是建设单位建设工程的法定凭证，是建设活动中接受监督检查时的法定依据。

（二）城镇规划的分类

《城乡规划法》第二条、第五条规定，城市规划、镇规划分为总体规划和详细规划。详细规划分为控制性详细规划和修建性详细规划。

城市总体规划是依据城市社会经济发展的战略对一定时期的城市性质、发展规模、土地利用、空间布局以及各项城市基础设施所做的综合部署和空间安排，是城市建设和发展的总体部署和总纲，具有综合性、战略性、政策性、长期性和指导性。城市总体规划编制主要考虑当地的社会经济发展情况、自然条件、资源条件、历史背景、现状特点，统筹兼顾、综合协调，属于公共政策和规范制定范畴，具有抽象性和实施中的不确定性，其法律意义在于对下一层次的规划权力进行限制，而不是对具体的建设项目进行直接约束。总体规划的内容，需要通过控制性详细规划和修建性详细规划来加以落实和具体化，并通过对建设项目颁发"一书两证"等行政许可决定才能得以具体化。

控制性详细规划即为城市总体规划在城市局部地区的解释与深化，确定局部地区建设用地中可开发地块的土地使用性质、开发强度等控制指标以及道路和市政规划控制要求的空间安排，是城市总体规划与土地开发的桥梁，是行政权对建设项目管理的直接依据。修建性详细规划则是依据控制性详细规划确定的指标，对将要进行建设的地区，编制的具体的、操作性的规划，作为各项建筑和工程设施设计和施工的依据，更是颁发"一书两证"和规划管理的依据。

（三）城镇规划侵犯合法权益时的监督方式

总体规划因具有抽象性和不确定性，其实施依赖详细规划，并通过行政许可具体化。当事人对总体规划不服时，可以通过《城乡规划法》第十六条等规定的民主审议程序进行，也可以通过专业判断和公众参与等程序进行，但不宜通过司法审查程序监督。

详细规划可能影响土地权利，一旦批准即具有约束力，是建设管理的法定前置条件。对详细规划的司法救济应审慎，一般不宜对整体内容提起诉讼。权利人如认为详细规划侵犯其权益，可在相关行政诉讼中请求审查，或依据《城乡规划法》第五十条规定精神，直接诉请相关主体依法补偿损失。

三、专家建议

城镇规划在实施过程中，需要充分考虑到社会、经济、环境、文化等多方面的因素，实现城乡的和谐发展，提高城镇建设的质量和效益，具有抽象行政行为的特征，若对总体规划不满时较难通过司法程序解决。在城镇规划的公示阶段，可以通过正式渠道如政府网站、规划展览馆等，提出自己的意见和建议。这些意见将被规划部门考虑，并可能根据实际情况在规划修编过程中予以修正。

四、关联法条

《中华人民共和国城乡规划法》第二条、第五条、第十六条、第五十条。

行政机关滥用行政征用时公民的救济途径

政府作出行政征用必须遵循相关法律法规，满足特定条件并经过合法的审批程序。

一、案情简介

（一）基本案情

2014年7月11日，刘某与青莲镇政府签订了一份《投资办厂协议》，使用原青莲立德粉厂旧厂房投资陶瓷原料厂，期限为20年，每年支付6万元补偿款。2018年7月4日，青莲镇政府决定暂借用刘某的厂房空地堆放河卵石至2018年12月30日。自2018年7月5日起，政府在厂房内堆放河卵石，至2019年3月清理完毕。2018年7月9日，刘某向政府提交166万元的赔偿申请，因为政府的行为使其厂房无法继续生产经营。刘某认为其合法权益受到侵害，因此向法院提起行政诉讼。[①]

（二）法院裁决

1. 一审判决

本案中，刘某通过签订《投资办厂协议书》租用的原青莲立德粉厂仍然在租赁履行期限内，青莲镇政府在未与刘某协商一致

---

① 详可参见（2019）粤18行终191号行政判决书。

的情况下，强行将大量河卵石堆放于原青莲立德粉厂旧厂房内，没有依职权保护公民私人所有的合法财产，反而损害公民的合法权益，其行为显然违反法律的规定。判决确认阳山县青莲镇人民政府在刘某租用的原青莲立德粉厂旧厂房内堆放河卵石的行政行为违法。

2. 二审判决

原审判决认定事实清楚，实体处理正确，驳回上诉，维持原判。

二、以案说法

本案涉及了行政征用的滥用，当相关部门行政征用时，应当遵循特定程序。另外，当提及行政征用时，需与行政征收相区分。

（一）行政征收与行政征用的区别

行政征收与行政征用都是为了公共利益需要，但行政征收涉及财产所有权的转移，而行政征用只是财产权的临时性限制或使用。在实际操作中，两者都需要依法进行，并保障被征收或征用方的合法权益。行政征收与行政征用的法律基础、法律效果和行为标的有所不同：首先，在法律基础上，行政征收基于法律规定的缴纳义务，涉及财产所有权转移给国家；行政征用则是基于公共利益的临时需要，涉及财产使用权的暂时让渡或所有权转移。其次，在法律效果上，行政征收导致财产所有权转移至国家；行政征用可能是财产使用权的暂时让渡或所有权在使用权过程中的转移。再次，在行为标的上，行政征收的标的通常是财产；行政征用的标的包括财产和劳务。最后，在补偿性质上，行政征收一般是对被征收财产的完全取得，补偿通常是针对被征收人的直接损失；行政征用是对财产的临时使用，补偿可能包括直接损失和间接损失，且通常会在征用结束后返还财产。

举例而言，政府为了修建公路而征收沿途的土地，这属于行政征收；而政府在同一情况下，如果只是暂时使用土地进行施工，并在施工结束后归还土地，这属于行政征用。

（二）行政征用时行政机关应遵循法定程序

《中华人民共和国土地管理法》第二条第四款规定：国家为了公共利益的需要，可以依法对土地实行征收或者征用并给予补偿。《中华人民共和国民法典》第二百四十五条规定：因抢险救灾、疫情防控等紧急需要，依照法律规定的权限和程序可以征用组织、个人的不动产或者动产。被征用的不动产或者动产使用后，应当返还被征用人。组织、个人的不动产或者动产被征用或者征用后毁损、灭失的，应当给予补偿。根据上述规定，行政征用应当在法定情形下，依照法律规定的权限和程序实施。

本案中，上诉人青莲镇政府因开展河道清障行动而使用被上诉人刘某的厂房，虽然为了公共利益的需要，但缺乏进一步证据证明属于抢险、救灾等紧急情形，且上诉人青莲镇政府亦未提交依据说明其具有行政征用的法定职权。另外，上诉人青莲镇政府亦未取得被上诉人刘某的同意，以行政协议的方式实现行政管理职责。因此，上诉人青莲镇政府使用被上诉人租用的涉案厂房堆放河卵石的行政行为存在超越职权，违反法定程序的情形，不具有合法性。

三、专家建议

在面对行政征用时，被征用人应充分了解相关法律法规，明确自己的权益，并根据法律规定，要求政府部门提供征用的法律依据、征用范围、补偿标准等文件，确保征用行为的合法性。如果对政府的征用行为和补偿方案有异议，可以通过申请行政复议或提起行政诉讼来维护自己的合法权益。

四、关联法条

《中华人民共和国土地管理法》第二条;《中华人民共和国民法典》第二百四十五条。

特殊情形下民事买卖合同亦属于
行政诉讼的受案范围

　　行政征购是行政机关通过合同方式取得相对人财产所有权的行政行为。一般而言，在民事法律关系中双方当事人签订的买卖合同不属于行政诉讼的受案范围，但在行政征购中，行政机关会委托国有公司与相对人签订买卖合同，以"收购"代替"征收"，在此情形下的买卖合同则具有行政协议的性质，属于行政诉讼的受案范围。

一、案例简介

（一）基本案情

　　2006 年 10 月 16 日，原告卢某 1 与青田县安居房地产开发有限公司（下称安居公司）签订了《联合参加拍卖开发协议书》，双方约定原告参股 25%。2006 年 10 月 18 日，安居公司竞得了县城原电台区块项目开发权。2010 年 1 月 20 日，安居公司将该项目的青田县鹤城镇工商巷 9 号 2 单元 502 室房屋（下称 502 房屋）出售给林某并签订了《商品房买卖合同》（法院已判决有效）。林某付清购房款后接收房屋并入住使用。2011 年 1 月 25 日，林某将 502 室房屋转让给卢某 2 并由其居住使用至今。2011 年 2 月 22 日，被告青田县人民政府颁发了青田县人民政府专题会议纪要（2011）9 号文件（下称 9 号文件）。该 9 号文件规定将 502 房屋由县政府按安置房价格回购后拍卖，并指定由青田县国有资产经营有限公司（下称国资公司）实施。2011 年 5 月 11 日，安居公司将502 房屋出售给国资公司并与之签订了《商品房买卖合同》。2011年 11 月 23 日，国资公司委托拍卖公司对 502 房屋进行拍卖。原告认为被告的 9 号文件对 502 房屋由县政府按安置房价格回购，侵害了原告的合法权益，遂向法院提起行政诉讼。①

（二）法院裁决

1. 一审判决

浙江省丽水市中级人民法院认为，首先，被诉专题会议纪要 9号文件系在原 [2008]6 号批复基础上，决定 502 室仍由政府按安置房价格回购，并未重新设定原告的权利义务。而且原告已经履行案涉股东会协议及和解协议，原告已经处分完毕案涉 502 房屋的相关权益。因此，被诉专题会议纪要对原告合法权益并未产生实际影响。其次，案涉工程系原告卢某 1 与安居公司等人入股开发建设的工程，2011 年 2 月 22 日被告青田县人民政府作出被诉专题会议纪要，原告作为项目股东应当知道该纪要作出，并且原告于2013 年 6 月 9 日已经知道该会议纪要作出，但原告怠于行使权利，于 2015 年 5 月 14 日才向法院提起行政诉讼，已经超过法定起诉期限。综上，被诉专题会议纪要对原告合法权益并未产生实际影响，且原告起诉时已过法定起诉期限，故原告起诉不符合法定条件，应予驳回。据此，丽水市中级人民法院裁定驳回原告卢某 1的起诉。

2. 二审判决

浙江省高级人民法院认为，首先，被诉 9 号会议纪要是 [2008]

---

① 详可参见（2015）浙行终字第 484 号行政判决书。

6 号会议纪要的延续，虽然 9 号会议纪要对 [2008] 6 号会议纪要进行了改动，但并未增设新的权利义务。其次，安居房地产开发有限公司的股东会已通过决议，决定由叶某补偿上诉人 32 万元，502 室由政府回购，并且安居公司和上诉人已在相关民事案件中达成和解，由安居公司再一次性补偿上诉人 44 万元，现已全部履行完毕。在已经认定被诉 9 号会议纪要对上诉人权利义务不产生实际影响的情况下，再无必要对起诉期限进行审查。据此，法院裁定驳回上诉人卢某 1 的诉讼请求。

二、以案说法

本案的争议焦点有三个：一是行政征购中，公民与国资公司签订的买卖合同是否属于行政诉讼的受案范围？二是行政机关作出的会议纪要是否可诉？三是对《中华人民共和国行政诉讼法》（以下简称《行政诉讼法》）第四十六条第二款的"不动产案件的 20 年起诉期限"应当如何理解？

（一）在行政征购中，公民与国资公司签订的买卖合同属于行政诉讼的受案范围

行政征购是指行政机关通过合同方式取得相对人财产所有权的行为。在行政征购过程中，为实现公共利益和行政管理目标，行政机关常常委托国有公司以"收购"来代替"征收"。虽然行政征购买卖合同的签订主体是国资公司，但签订买卖合同属于政府行政征购职能的委托，并服务和服从于公共利益的需要，因而此种买卖合同也具有了行政协议的属性，该类行为依法属于行政诉讼受案范围。

（二）会议纪要对外发生效力时具备可诉性

会议纪要是在会议记录基础上经过加工、整理出来的一种记

叙性和介绍性的文件，是行政机关记载、传达有关会议情况和议定事项的内部公文，通常不对行政相对人的权利和义务产生影响，不具有可诉性。但如果会议纪要转化为对外发生效力的行政行为，对公民的权利义务产生了实际影响，那么它就具有法律上的强制执行力，从而成为可诉的行政行为。本案中，青田县人民政府于2011年2月22日作出被诉9号会议纪要系在原[2008]6号批复基础上决定502室仍由政府按安置房价格回购，并未重新设定上诉人的权利义务，对上诉人合法权益明显不产生实际影响，因此不具有可诉性。

（三）需要正确理解不动产案件的二十年起诉期限

《行政诉讼法》第四十六条规定，公民、法人或者其他组织直接向人民法院提起诉讼的，应当自知道或者应当知道作出行政行为之日起6个月内提出。法律另有规定的除外。因不动产提起诉讼的案件自行政行为作出之日起超过20年，其他案件自行政行为作出之日起超过5年提起诉讼的，人民法院不予受理。《最高人民法院关于适用〈中华人民共和国行政诉讼法〉的解释》第九条规定，行政诉讼法第二十条规定的"因不动产提起的行政诉讼"是指因行政行为导致不动产物权变动而提起的诉讼。因此，并非所有具有不动产因素的案件均为"因不动产提起诉讼的案件"。只有直接导致不动产发生设立、变更、转让、消灭的行政行为才适用20年的最长起诉期限。另外，20年起诉期限的适用要被限定在"当事人在行政行为作出时并不知道行政行为的内容"的条件内，若公民知道或者应当知道行政行为，则适用6个月的起诉期限。本案中，一方面，被诉会议纪要不会直接对不动产产生设立、变更、转让、消灭的效果，因此不适用20年起诉期限；另一方面，证据表明原告知道或者应当知道被告发布了会议纪要，因此应当适用 6 个月的起诉期限。

三、专家建议

实践中人们常常会认为所有的买卖合同纠纷都属于民事纠纷，从而向法院提起民事诉讼。但并不是所有的买卖合同都是民事合同，比如在行政征购中公民与国资公司签订的买卖合同就属于行政协议，公民如果认为该买卖合同侵害了自身权益，应当向法院提起行政诉讼而非民事诉讼，否则就无法得到法律的救济。如果难以判断买卖合同属于民事协议还是行政协议，公民要及时寻求律师等法律专业人士的帮助。另外，还需要注意行政诉讼的起诉期限，在知道自身权益受到行政行为的侵害后，要及时向法院提起诉讼，维护自身的合法权益。

四、关联法条

《中华人民共和国行政诉讼法》第四十六条;《最高人民法院关于适用〈中华人民共和国行政诉讼法〉的解释》第一条、第九条。

信访不是行政诉讼起诉期限的扣除事由

行政征购是行政机关通过合同取得行政相对人财产所有权的行为。行政机关与相对人签订征购合同时要以平等、自愿为基础，不得强迫相对人签订征购合同。行政相对人认为行政征购损害了自身合法权益的，既可以选择向有关部门信访申诉，又可以选择向法院提起行政诉讼，但信访不是行政诉讼起诉期限的扣除事由，公民在信访的同时，也要注意起诉期限是否即将届满。

一、案例简介

（一）基本案情

2006年原告到五河投资办学，被告一安徽省五河县人民政府通过召开专题会议、划拨国有土地使用权等方式支持原告创办五河职业教育中心。2006年4月5日，原告与被告二安徽省五河教育体育局签订《合作协议书》，约定双方合作创办五河职业教育中心。2008年5月26日，安徽省五河教育体育局聘任原告为五河职业教育中心校长，聘期三年。2008年，经安徽省五河教育体育局委托，蚌埠华宇资产评估事务所对五河职业教育中心的房屋、建筑物、教育设备等资产进行评估，评估结论为："经评估，截至2008年12月1日，本次委托资产价值为人民币大写壹仟零叁拾壹万贰仟捌佰伍拾叁元整。"2009年3月19日，原告与安徽省五河教育体育局结束合作办学，当日原告退出五河职业教育中心学校管理。2009 年 11 月 6 日，原告与安徽省五河教育体育局补签《收购协议书》，约定安徽省五河教育体育局收购原告在办学期间投入的资产。2010 年 10 月 26 日，原告给安徽省五河县人民政府出具承诺书，认可收到政府收购款 788 万元。现原告诉称，二被告单方制作《收购协议书》，并逼迫原告在《收购协议书》上签字，且被告未按协议足额支付征购款项。原告据此请求确认被告强制征购五河职业教育中心的行为违法，并要求二被告赔偿损失。[①]

（二）法院裁决

1. 一审判决

安徽省蚌埠市中级人民法院认为，根据原、被告所举证据材料及庭审调查，能够认定签订《收购协议书》是在安徽省五河县人民政府的领导下，由安徽省五河教育体育局具体实施的行政征购行为，属于行政案件的受案范围。但从起诉期限上看，从 2009 年 11 月 6 日原、被告签订《收购协议书》开始计算起诉期限，至 2017 年 3 月 31 日原告起诉时，已明显超过法定起诉期限。据此，法院裁定驳回起诉。

2. 二审判决

安徽省高级人民法院认为，2009 年 3 月 19 日，原告与安徽省五河教育体育局结束合作办学并退出五河职业教育中心学校的管理。2009 年 11 月 6 日，原告与安徽省五河教育体育局补签《收购协议书》，约定安徽省五河教育体育局收购原告在办学期间投入的资产。2010 年 10 月 26 日，原告向安徽省五河县人民政府出具承诺书，认可收到政府收购款 788 万元。原告虽然对上述征购行为不服，但其于 2017 年 3 月 31 日才提起行政诉讼，显然已超

---

① 详可参见（2018）最高法行申 3901 号裁定书。

过两年起诉期限。原告虽称 2009 年 3 月 19 日至起诉前的期间属于"非因其自身的原因被耽误的时间",不应计算在起诉期间内,但其并未提供证据予以证明。因此,原告提起行政诉讼要求确认安徽省五河县人民政府、五河教育体育局征购行为违法,超过了法定起诉期限且无正当理由。据此,法院裁定驳回上诉,维持原裁定。

二审判决生效后,原告向最高人民法院申请再审,请求撤销一、二审裁定书,并称,通过信访申诉寻求行政解决的期限应予以扣除。最高人民法院认为,信访申诉的情形不符合《中华人民共和国行政诉讼法》(以下简称《行政诉讼法》)第四十八条关于起诉期限扣除的规定。据此,最高人民法院裁定驳回原告的再审申请。

二、以案说法

本案是因行政机关的行政征购行为引起的纠纷,主要争议焦点有:(1)信访是否构成行政起诉期限的扣除事由?(2)如何判断行政机关与公民签订的行政征购协议是否有效?(3)公民财产被强制征购时有哪些救济途径?

(一)信访不是行政诉讼起诉期限的扣除事由

因信访申诉而耽误的时间依然计算在起诉期限内。信访是公民向各级人民政府、县级以上人民政府工作部门反映情况,提出建议、意见的行为。《行政诉讼法》第四十八条规定,公民、法人或者其他组织因不可抗力或者其他不属于其自身的原因耽误起诉期限的,被耽误的时间不计算在起诉期限内。据此,导致行政诉讼起诉期限扣除的事由有二:一是"不可抗力",二是"其他不属于行政相对人自身的原因"。其中"不可抗力"是指不能预见、不能避免并且不能克服的客观情况，比如因地震、洪水等客观因素引起交通中断，当事人无法在法定起诉期限内实施起诉行为，即属于行政诉讼起诉期限中"不可抗力"之事由。"其他不属于行政相对人自身的原因"主要有以下两种情形：（1）基于对国家机关的信赖，等待其就相关争议事项进行处理的期间。如起诉材料在途的时间、当事人一直向人民法院主张权利所耽误的时间；（2）当事人因人身自由受到限制而不能提起诉讼的时间。由于信访与诉讼不属于同一性质的救济途径，因申诉信访而耽误起诉期限，属于当事人自愿放弃通过诉讼途径解决争议，因此信访耽误的起诉期限不能被扣除。

（二）行政机关与公民签订征购协议的有效性判断

行政征购协议是行政机关为了实现征购目的，与行政相对人签订的具有行政法上权利义务内容的协议。可见，行政征购协议是行政协议的一种，对行政征购协议有效性的判断即对行政协议有效性的判断。由于行政协议兼具"行政性"和"合同性"，因此对其有效性的认定，也需要从行政法和民法两个角度进行审查。

从行政法角度审查，《行政诉讼法》第七十五条规定，行政行为有实施主体不具有行政主体资格或者没有依据等重大且明显违法情形，原告申请确认行政行为无效的，人民法院判决确认无效。从该规定可以看出，行政行为只有存在"重大且明显"的违法情形，才能被认定为无效。《最高人民法院关于适用〈中华人民共和国行政诉讼法〉的解释》对行政行为无效情形亦作了列举式规定。该解释第九十九条规定，有下列情形之一的，属于行政诉讼法第七十五条规定的"重大且明显违法"：（1）行政行为实施主体不具有行政主体资格；（2）减损权利或者增加义务的行政行为没有法律规范依据；（3）行政行为的内容客观上不可能实施；（4）其他重大且明显违法的情形。

从民事角度审查，则需要参照适用《中华人民共和国民法典》（以下简称《民法典》）的相关规定，该法第一百四十六条、第一百五十三条、第一百五十四条规定，下列民事法律行为无效：（1）行为人与相对人以虚假的意思表示实施的民事法律行为；（2）违反法律、行政法规的强制性规定的民事法律行为；（3）违背公序良俗的民事法律行为；（4）行为人与相对人恶意串通，损害他人合法权益的民事法律行为。本案中，原告与被告签订的《收购协议书》也需要按照上述法律规定进行有效性审查，一方面，被告安徽省五河县教育体育局具有行政主体资格，且征购行为严格按照《中华人民共和国国有资产管理办法》实施；另一方面，原告与被告是在自愿协商的基础上签订《收购协议书》，不存在《民法典》规定的无效事由。原告虽提出自己是被迫签订《收购协议书》，但无法对上述事实进行举证，故法院认定《收购协议书》合法有效。

（三）公民财产被政府强制征购时的救济途径

行政机关实施行政征购需要坚持合理行政和程序正当原则，在与公民签订行政征购协议的过程中，必须要以平等、自愿为基础。公民若认为征购协议未能满足己方要求，有权选择不签订该征购协议，行政机关有义务尊重其不签订协议的权利，不能"强买强卖"。若行政机关强迫公民签订征购协议，公民可以以协议签订时存在欺诈、胁迫的情形，请求法院撤销该协议。如果公民认为自身的合法权益在行政机关强制征购过程中受到侵害，可以申请行政复议或向法院提起行政诉讼。

三、专家建议

行政诉讼起诉期限的扣除事由只有"不可抗力"和"不属于

行政相对人自身的原因"两种，信访并非起诉期限的扣除事由。因此，公民在面对行政纠纷时，除信访申诉外，也要积极向法院提起行政诉讼，避免超出行政诉讼的起诉期限。另外，在与行政机关签订征购协议的过程中，公民要有意识地保留合同或协议的原件、协商过程的录音录像、签订过程的录音录像等证据，当发生行政征购纠纷的时候利用上述证据积极维护自身的合法权益。

四、关联法条

《中华人民共和国行政诉讼法》第四十八条、第七十五条；《最高人民法院关于适用〈中华人民共和国行政诉讼法〉的解释》第九十九条；《中华人民共和国民法典》第一百四十六条、第一百五十三条、第一百五十四条。

公民就行政划拨行为起诉时如何判断是否为适格原告?

行政划拨指国土主管机关根据土地性质(地理位置)、用途、以一定使用年限,采取划拨(指土地使用权)方式交给需用土地的单位使用。行政划拨和行政征收行为密不可分,实践中常常出现原土地使用权人对行政划拨行为提起行政诉讼的情形,但原土地使用权人并非行政划拨行为的适格原告,原土地使用权人若想维护自身合法权益,应当对行政征收或行政补偿行为提起行政诉讼。

一、案例简介

(一)基本案情

原告张某1、张某2是平江(干将路——白塔东路)两侧的原住居民,也是案涉土地的原使用权人。2003年1月20日,被告苏州市国土资源局(以下简称苏州国土局)作出(2003)第7号《关于收回国有土地使用权的公告》(以下简称《第7号公告》),该公告明确:苏州国土局经苏州市人民政府批准,决定收回位于平江(干将路——白塔东路)两侧范围内的国有土地使用权,该范围内已领取《国有土地使用证》的土地使用者,应在本公告发布后15日内持证到苏州国土局申请土地使用权注销登记,逾期不申请的,苏州国土局依法直接办理注销登记。苏州国土局于1月

22日在《苏州日报》刊登该公告。2003年1月29日，苏州国土局向历史街区整治公司作出《关于同意苏州平江历史街区保护整治有限责任公司建设风貌保护与环境整治工程拨用土地的批复》，同意该公司为建设风貌保护与环境整治工程项目，拨用位于平江（干将路——白塔东路）两侧国有土地98110.9平方米。同日，苏州国土局签发案涉划拨决定书，将上述土地划拨给历史街区整治公司使用。原告张某1、张某2诉称：依据原苏州国土局于2003年1月22日在苏州日报刊出的《第7号公告》，在2003年2月6日前案涉国有土地使用权仍然归原住居民所有，而苏州国土局于1月29日即签发了《国有土地划拨决定书》，系将原告依法享有的土地使用权划拨给历史街区整治公司，侵犯了原告的合法权利，据此请求法院撤销苏州国土局于1月29日签发的《国有土地划拨决定书》。被告苏州国土局不同意原告的诉讼请求，请求法院予以驳回。另经法院查明，依据苏州市机构改革方案，苏州国土局相应职能归入苏州市自然资源和规划局。①

（二）法院裁决

1. 一审判决

江苏省苏州市姑苏区人民法院认为，本案中，案涉国有土地使用权已经被公告收回，原土地使用权人是否办理注销登记并不影响土地使用权已被收回的事实。被告苏州国土局所作划拨决定系将已收回的国有土地划拨给历史街区整治公司使用，对二原告的权利义务并不产生影响，对二原告权利义务产生影响的系土地收回行为。而案涉工程涉及公共利益并不意味着二原告与被诉行政行为存在法律上的利害关系。张某1、张某2既非案涉行政行为

---

① 详可参见（2019）苏05行终450号行政判决书。

相对人，也与案涉行政行为无法律上的利害关系，因此其作为本案原告，主体不适格。据此，法院裁定驳回起诉。

2. 二审判决

江苏省苏州市中级人民法院认为，本案中，苏州市国土局作出《国有土地划拨决定书》时，案涉国有土地使用权已被公告收回，此后的土地划拨行为对上诉人的权利义务不产生实际影响。因此，上诉人张某1、张某2不具备原告主体资格。据此，法院裁定驳回上诉，维持原裁定。

二、以案说法

本案的争议焦点有两个：一是原告张某1、张某2是否具备行政划拨行为的原告主体资格？二是张某1、张某2作为原土地使用权人如何寻求法律救济？

（一）土地征收后重新划拨的，原土地使用权人不是行政划拨行为的适格原告

《中华人民共和国行政诉讼法》第二十五条规定，行政行为的相对人以及其他与行政行为有利害关系的公民、法人或者其他组织，有权提起诉讼。该法第四十九条规定，提起诉讼应当符合下列条件：原告是符合本法第二十五条规定的公民、法人或者其他组织。实践中，大多数行政划拨案件皆是行政机关在征收土地后再将该土地划拨给其他主体。土地被征收后，原使用权人便失去了对土地的使用权，与该土地没有利害关系，此后的行政划拨行为对原使用权人便不会产生实际影响，因此原土地使用权人不具备行政划拨行为的原告主体资格。

（二）原土地使用权人可以对行政征收行为先申请复议，对复议决定不服再提起诉讼

在行政划拨案件中，真正对原土地使用权人的权利义务产生实际影响的是行政征收行为。根据《中华人民共和国行政复议法》第三十条，原土地使用权人若对行政征收行为不服，应当先申请行政复议，对复议结果不服再提起行政诉讼。值得注意的是，如果省、自治区、直辖市人民政府的复议决定，是根据国务院或者省、自治区、直辖市人民政府的勘定、调整或征收决定作出的，那么该复议决定是最终裁决，公民若对该裁决不服，不得再向法院提起行政诉讼。本案中，张某1和张某2对行政征收行为不服，应当先申请行政复议，对复议结果不服再提起行政诉讼。

三、专家建议

实践中，原土地使用权人往往会对行政划拨行为提起诉讼，但皆因原告主体不适格而被法院裁定驳回起诉，这一方面给原土地使用权人增加了诉讼负担；另一方面还可能耽误起诉期限，使得他们的合法权益无法得到救济。因此，原土地使用权人要明确：真正对自己的权利造成侵害的是行政征收行为，而非划拨行为，应当对行政征收行为申请复议或提起诉讼。另外，原土地使用权人要自觉维护自身的合法权益，在土地征收过程中积极参与听证会，主动向行政机关进行陈述、申辩，积极主张土地补偿，在必要的时候寻求律师等法律专业人士的帮助。

四、关联法条

《中华人民共和国行政诉讼法》第二十五条、第四十九条；《中华人民共和国行政复议法》第三十条。

公安机关不得以民事纠纷为由
不受理报案

当我们的人身、财产安全受到威胁时，第一反应当然是拨打"110"向人民警察求助。然而，人民警察行使的是行政职权，如果公安机关认为是民事纠纷而不受理或者拒绝受理报案，应该怎么办呢?

一、案例简介

（一）基本案情

2008年9月1日下午，刘某骑电动车送其岳母李某（原告郭某之妻）回家，在道路上和王某骑的摩托车相撞，双方不同程度地受伤，但均未向交警部门报案。事发后李某领王某到高庄乡卫生院治疗；后因王某与刘家父子就赔偿问题协商未果，王某便找郭某索要，遭郭某拒绝。

2008年9月7日上午，王某带领一帮人闯入郭某家中，强行将郭某家停放的拖拉机头开走；郭某随即拨打"110"报警，高庄派出所干警随后赶到现场时，随王某同去的人尚未走完。然而，被告方直到2008年10月26日才正式组织调查，并向所有接受调查的人员发放了《公安行政案件权利义务告知书》，同时做了一定的调解工作，且迟迟没有对此事作出进一步处理；几个月后被告方口头告知郭某，车辆被抢走是因王某与郭某之间存在民事纠纷，应该直接提起民事诉讼，抢车之事不属于公安机关管辖。郭某不服，于 2009 年 6 月 24 日向法院提起诉讼，要求辉县市公安局履行法定职责，对王某等人的行为进行处罚。[①]

（二）法院裁决

1. 一审判决

一审法院认为，根据治安管理处罚法的规定，被告辉县市公安局负有"维护社会治安秩序，保障公共安全，保护公民、法人和其他组织的合法权益"的法定职责。本案中，王某带人闯入原告家中强行将车辆开走的行为既侵犯了原告的住宅安宁权，也侵犯了原告的财产权，扰乱了原告正常的生产、生活秩序，具有明显的社会危害性，违反了治安管理处罚法的规定，经被告方教育后拒不纠正其不法行为，有关人员应当受到治安处罚。辉县市人民法院作出判决，责令被告辉县市公安局在判决生效后 10 日内对原告郭某投诉车辆被抢一事作出处理。

2. 二审判决

辉县市公安局不服，上诉至河南省新乡市中级人民法院，二审法院认为辉县市公安局对王某的违法行为未作出处理，未履行法定职责，故驳回上诉，维持原判。

二、以案说法

本案的争议焦点为，王某强行闯入郭某家中开走拖拉机，公安机关是否能以该案为王某与郭某之间的民事纠纷为由而拒绝受理郭某的报案？王某的行为明显违反《中华人民共和国治安管理处罚法》的规定，民事责任和行政责任可以相互替代吗？

---

① 详情参见（2009）新行终字第 171 号行政判决书。

（一）民事责任与行政责任不能相互替代

民事责任是民事法律责任的简称，指民事主体在开展民事活动的过程中，因实施了民事违法行为，根据民法或者法律特别规定而应承担的法律责任，主要由缔约过失责任、违约责任、侵权责任三部分的内容构成。如一方违反合同约定，给合同相对方造成实际经济损失；未经他人同意使用他人肖像牟利等，均属于民事责任。行政责任是指由国家行政机关认定的、行为人因违反行政法律规范所应当承担的法律后果。本案中，王某闯入郭某家中，强行将郭某家中的拖拉机头开走，一方面侵犯了郭某的财产权，属于民事责任；另一方面，王某的行为违反了《中华人民共和国治安管理处罚法》的规定，同时应当承担行政责任。公安机关负有维护社会治安秩序，保障公共安全，保护公民、法人和其他组织的合法权益的法定职责。对于扰乱公共秩序，妨害公共安全，侵犯人身权利、财产权利，妨害社会管理，具有社会危害性，但尚不够刑事处罚的行为，公安机关应当依法给予治安管理处罚。而辉县市公安局却以王某实施的是侵权行为，双方之间是民事纠纷为由，对王某抢车行为不作处理，实际上系排除郭某寻求公力救济的机会。现代社会禁止私力救济，一个健康、有序的社会，通过法律来化解矛盾、解决纠纷是基本手段，如果王某认为交通事故的损失没有得到足够的补偿，应当对刘某、李某或郭某提起民事诉讼，即寻求公力救济，而不应违法强抢郭某家中的车辆。即使王某与郭某存在民事纠纷，也不应否认王某当承担治安行政责任，二者属于不同性质的法律责任，不能相互代替。因此，公安机关应当依法履行自己的法定职责，不能因行为人的侵权行为属于民事纠纷而拒绝履行。

（二）行政机关不履行法定职责，公民可依法提起行政诉讼

公民不仅可以对行政机关的作为行为提起行政诉讼，也可以对行政机关不履行法定职责的不作为行为提起行政诉讼。根据《中华人民共和国行政诉讼法》第四十七条的规定，公民、法人或者其他组织申请行政机关履行保护其人身权、财产权等合法权益的法定职责，行政机关在接到申请之日起2个月内不履行的，公民法人或者其他组织可以向人民法院提起诉讼。人民法院应审查是否具备履行职责的前提条件，行政机关是否具有履行的可能性等违法性事由。若行政机关确实违法，人民法院可以判决确认行政主体违法或责令其履行法定职责。

三、专家建议

《中华人民共和国人民警察法》规定了人民警察在遇到公民人身、财产安全受到侵犯或者处于其他危难情形时，应当立即救助；对公民提出解决纠纷的要求，应当给予帮助；对公民的报警案件，应当及时查处。据此，公民在人身安全、财产安全遭受威胁时，要及时寻求公安机关的帮助，公安机关不得以民事纠纷为由拒绝受理报案。如果公安机关拒绝受理，公民可以向人民法院提起诉讼，要求公安机关履行职责，从而维护自身合法权益。

四、关联法条

《中华人民共和国治安管理处罚法》第九条；《中华人民共和国行政诉讼法》第四十七条；《中华人民共和国人民警察法》第二十一条。

行政撤销应保障行政相对人依法行使陈述、申辩等权利

行政机关撤销已经生效的行政许可，应当遵守行政许可法规定的法定程序，保障行政相对人依法行使陈述、申辩等权利。

一、案情简介

（一）基本案情

2013年，原告某加油站经有关部门审核同意后实施油气回收改造工程。在改造过程中，原告将加油站原罩棚拆除，未经城乡规划主管部门批准，擅自重建罩棚。2014年1月，当地住建局对原告作出《行政处罚决定书》，认定其重建违反了《中华人民共和国城乡规划法》第四十条的规定，对其作出限15日内自行改正，并按工程造价6%的标准处罚款的行政处罚。2016年11月，原告向当地住建局提出书面请示，请求对其罩棚实施改建，并在之后提交《建筑工程规划许可证申请书》。2017年6月，当地住建局向原告发放了《城市临时建设许可证》，对罩棚维修改建的规格及范围作了明确规定，原告迅即筹备准备维修改建。2017年6月，当地住建局对原告作出《撤销行政许可决定书》，在决定书中，当地住建局以原告申请加油站罩棚维修改建时隐瞒真实情况为由，根据《中华人民共和国行政许可法》第七十条第（四）款的规定，决定撤销行政许可的同时一并撤销刚刚发放的《城市临时建设许

可证》，并要求原告交回该证。原告不服，向法院提起行政诉讼。①

（二）法院裁决

1. 一审判决

法院认为当地行政机关作出行政许可撤销时未遵循正当程序，仅根据举报结合调查即在短时间内作出行政撤销，未听取原告的陈述和申辩，违背公开、公平、公正的正当程序原则，不具有合法性，判决撤销作出的《撤销行政许可决定书》。

2. 二审裁定

一审判决后，原审第三人（举报者）不服，向江苏省盐城市中级人民法院提起上诉。在案件审理过程中，原审第三人经法律释明主动撤回上诉，二审法院准许撤回上诉。

二、以案说法

在本案中，主要涉及被告选择、行政许可能否被撤销或撤回，以及行政许可被撤销时所应遵循的法律程序相关问题。

（一）行政机关被撤销或者职权变更的，继续行使其职权的行政机关是行政诉讼被告

在对行政机关提起行政诉讼时，应当关注被告是否适格，尤其是行政部门的职责根据上级意见可能会不时进行调整，需加以关注。根据《中华人民共和国行政诉讼法》第二十六条规定，公民、法人或者其他组织直接向人民法院提起诉讼的，作出行政行为的行政机关是被告；经复议的案件，复议机关决定维持原行政行为的，作出原行政行为的行政机关和复议机关是共同被告；复议机关改变原行政行为的，复议机关是被告；复议机关在法定期

---

① 详可参见（2018）苏09行终129号行政裁定书。

限内未作出复议决定，公民、法人或者其他组织起诉原行政行为的，作出原行政行为的行政机关是被告；起诉复议机关不作为的，复议机关是被告；两个以上行政机关作出同一行政行为的，共同作出行政行为的行政机关是共同被告；行政机关委托的组织所作的行政行为，委托的行政机关是被告；行政机关被撤销或者职权变更的，继续行使其职权的行政机关是被告。

（二）行政许可可以被撤回或撤销

行政机关作出行政许可后可以撤回或撤销行政许可。撤回行政许可的条件是行政机关基于公共利益的需要收回已经颁发的行政许可，其适用的基本前提是相对人取得的行政许可合法。若相对人取得的行政许可违法，则需要行政机关撤销行政许可。因此，撤销行政许可的事由与撤回行政许可的事由并不相同，二者不能混同。

（三）行政机关撤销行政许可时应当履行正当法律程序

《中华人民共和国行政许可法》虽然没有规定撤销行政许可的具体程序，但该法第一章总则中第五条、第七条规定了设定和实施行政许可所应遵守的原则、程序和利害关系人享有的法定程序权利。尽管现行法律并未设定行政机关撤销行政许可所要遵循的具体程序性义务，但这并不意味着撤销行政许可无须具备程序合法性。程序合法的底线在于正当程序原则，行政机关在此情况下应当遵循这一法律原则。根据这一法律的要求，行政机关作出影响当事人权益的行政行为时，应当履行事先告知、说明根据和理由、听取相对人的陈述和申辩、事后为相对人提供相应的救济途径等正当法律程序。

三、专家建议

行政相对人面临行政撤销时，应当积极主张自己的权利。这包括在行政程序中，充分表达自己的意见、提供相关证据和材料，以及就撤销决定提出异议或申诉。通过行使这些权利，行政相对人能够保障自身合法权益，促使行政行为更加公正、合法。同时，行政相对人在行使权利时，应遵循法定程序，遵守相关法律法规，以提高行政撤销决定的公正性和合法性。

四、关联法条

《中华人民共和国行政许可法》第五条、第七条;《中华人民共和国行政诉讼法》第二十六条、第六十二条、第七十条。

五、劳动与社会保障

冒用他人身份入职后发生工伤的，能否享受工伤保险待遇

根据《工伤保险条例》的相关规定，在工伤保险法律关系中，企业、事业单位、社会团体、民办非企业单位、基金会、律师事务所、会计师事务所等组织和有雇工的个体工商户等用人单位为投保人，本单位职工或雇工为被保险人和受益人，由工伤保险基金支付相关保险待遇。但如果出现职工冒用他人身份入职发生工伤事故的情形，将导致是否成立劳动关系、冒名者是否能享受工伤保险待遇以及是否仍由工伤保险基金支付相关费用的争议。

一、案情简介

（一）基本案情

2012年6月26日，刘某1用其堂哥刘某2的名义和身份信息应聘到某泰公司工作，同时以刘某2的名义与公司签订劳动合同。某泰公司从2012年8月起至2013年12月期间为"刘某2"缴纳工伤保险。淮安市淮阴区社会医疗保险管理处社会保险信息系统录入的参保人姓名、年龄、出生日期、身份证号码均为刘某2的个人信息。2012年8月25日，刘某1在工作中受伤，住院期间形成的住院病历、诊断证明、出院记录等资料中均使用"刘某2"的名字。后某泰公司为"刘某2"受伤申请认定工伤，同年10月26日，经某泰公司申请，淮安市淮阴区人力资源与社会保障局认定

"刘某2"所受伤害为工伤，工伤认定书载明的职工姓名、年龄、身份证号码均为刘某2个人信息，后某泰公司以"刘某2"受工伤从工伤保险基金中报销了医药费。2013年12月，经法院审理认定原告刘某1与该公司之间在2012年6月26日至2012年8月25日间存在劳动关系。2014年5月16日，淮安市劳动能力鉴定委员会鉴定刘某1为工伤九级。2014年7月，刘某1向淮安市淮阴区劳动人事争议仲裁委员会申请裁决某泰公司支付工伤保险待遇。同年10月，该委员会以刘某1不能提供本人被认定工伤的证据为由，裁决驳回其仲裁请求。后刘某1以自己的名义向淮阴区社会医疗保险管理处提出支付工伤保险待遇，被其拒绝，刘某1不服，向人民法院提起诉讼。①

（二）法院裁决

1. 一审判决

一审法院认为，刘某1与某泰公司之间构成事实上的劳动关系，但刘某1本人未经社会保险行政部门认定其受伤为工伤，且某泰公司未为刘某1本人缴纳工伤保险，不符合享受工伤待遇的条件，淮安市淮阴区社会医疗保险管理处拒绝向其支付工伤保险待遇的行为并无不当，遂判决驳回刘某1的诉讼请求。

2. 二审判决

二审法院认为，享受工伤保险待遇的前提是职工依法被认定为工伤，且用人单位为职工依法缴纳工伤保险费用，刘某1在入职时中使用"刘某2"的身份信息，导致用人单位为其投保时以"刘某2"作为被保险人。在社会保障登记过程中，登记的信息中被保险人系"刘某2"，因此刘某1不是合法的被保险人，未能建

---

① 详可参见（2016）苏08行终27号行政判决书。

立合法工伤保险关系，无权就《工伤保险条例》中规定的应当由
工伤保险基金支付的部分向淮阴区社会医疗保险管理处直接主张
权利。遂判决驳回上诉，维持一审判决。

二、以案说法

本案的争议焦点在于：（1）刘某1与用人单位之间是否构成事
实上的工伤保险关系；（2）淮阴区社会医疗保险管理处是否有向刘
某1给付工伤保险待遇的职责。

（一）工伤保险关系依法成立后的工伤保险责任承担主体

根据《工伤保险条例》第十条、第十二条、第十七条、第
二十三条、第三十七条的规定，用人单位为按时缴纳工伤保险费
用的责任主体，职工个人则无需缴纳工伤保险费；工伤事故发生
后，用人单位有责任在一定时限内向统筹地区社会保险行政部门
提出工伤认定申请，若用人单位未依法提出申请，工伤职工或者
其近亲属、工会组织可以自己的名义向社会保险行政部门提出工
伤认定申请；若职工发生工伤造成残疾、影响劳动能力的，用人
单位、工伤职工或者其近亲属向设区的市级劳动能力鉴定委员会
提出劳动能力鉴定申请；在工伤认定或劳动能力鉴定后，用人单
位应根据人社部《关于印发工伤保险经办规程的通知》（人社部发
〔2012〕11号）第五十四条的规定，到业务部门办理工伤职工登
记；工伤职工可根据《工伤保险条例》中规定的不同的伤残等级
主张不同的工伤保险待遇。在本案中，工伤职工被鉴定为九级伤
残，则可享受由工伤保险基金支付的相应数额的一次性伤残补助
金，若该职工与用人单位解除劳动、聘用关系，则工伤职工还可
享受由工伤保险基金支付的一次性工伤医疗补助金以及由用人单
位支付的一次性伤残就业补助金。

（二）冒用他人身份入职发生工伤，职工与用人单位构成事实劳动关系但不构成事实工伤保险关系的，职工可向用人单位主张工伤保险待遇

职工冒用他人身份入职，但实际为该工人单位提供劳动，与用人单位之间构成事实上的劳动关系，但劳动关系只是工伤保险关系构成的必要条件而非充分条件，职工被依法认定为工伤，且单位依法为其缴纳工伤保险费用均是构成事实上工伤保险关系的必要条件，而工伤保险费用的缴纳应以合法的社会保障登记为前提。人社部下发的《关于印发工伤保险经办规程的通知》第五十六条规定，业务部门进行工伤登记时需要对工伤职工的参保缴费情况进行核查。因此，职工冒用他人身份入职，用人单位为被冒用人缴纳工伤保险费用并进行相关信息登记，该职工与用人单位之间不构成事实上的工伤保险关系，无权向统筹地区社会保险经办机构申请享受工伤保险待遇。此时，根据《中华人民共和国社会保险法》第四十一条的规定，职工发生工伤事故而用人单位未依法缴纳工伤保险费，由用人单位而非工伤保险基金支付工伤保险待遇。故此，工伤职工可以以自己的名义向社会保险行政部门提出工伤认定申请，在获得工伤认定后依法向与其构成事实劳动关系的用人单位主张工伤保险待遇的支付。

三、专家建议

职工冒用他人身份入职，实际为用人单位提供劳动，与用人单位构成事实上劳动关系。发生工伤事故后，因不依法成立工伤保险关系导致其无法向社会保险行政部门申请享受社会保险待遇的，可以依据《中华人民共和国社会保险法》第四十一条的规定向用人单位主张工伤保险待遇。若用人单位拒绝支付相关待遇，

可以申请从工伤保险基金中先行支付，也可以首先提起劳动仲裁。对仲裁裁决不服的，可以再向人民法院提起诉讼。但若职工一方冒用他人身份，用人单位属于无过错方，劳动仲裁委员会和人民法院可能考虑该因素，或将导致该工伤职工的损失无法得到完全补救，因此，职工在入职时不要使用他人身份，以避免后期可能发生的法律纠纷。

四、关联法条

《中华人民共和国保险法》第十六条；《中华人民共和国社会保险法》第三十三条、第三十八条、第三十九条、第四十一条；《工伤保险条例》第十条、第十二条、第十七条、第二十三条、第三十七条；人力资源和社会保障部《关于印发工伤保险经办规程的通知》第五十四条、第五十六条。

职工工伤复发仍可享受相关工伤保险待遇吗

职工遭遇工伤事故伤害或患职业病，经过医疗机构必要的诊断治疗，确定了该职工工伤。当该职工病情痊愈，医疗过程终结，停工留薪期终止后，若该职工再次因工伤部位请假治疗，是否能够认定工伤复发、如何申请认定工伤复发、工伤复发后工伤职工是否可以再次享受工伤医疗待遇、停工留薪期等工伤保险待遇这一系列问题会对职工在再次休假治疗期间的期限、待遇等产生重大影响，因此，工伤复发的认定和相关待遇的享受对工伤职工和用人单位而言都具有重要意义。

一、案情简介

（一）基本案情

邓某 1 于 2010 年 12 月 12 日被诊断为职工病（急性淋巴白细胞白血病），随后深圳市人力资源和社会保障局对邓某 1 认定为工伤。2013 年 2 月 7 日，深圳市劳动能力鉴定委员会出具《劳动能力鉴定结论》，认定邓某 1 受伤时间为 2010 年 12 月 12 日，受伤部位为全身多处，邓某 1 构成五级伤残，医疗终结期为 2012 年 12 月 12 日。2016 年 2 月 4 日，邓某 1 白血病复发入院治疗，深圳市劳动能力鉴定委员会于 2016 年 3 月 2 日出具《工伤复发确认意见》，确认邓某 1 属于工伤复发，医疗期为 2016 年 2 月 4 日至 8

月 4 日。邓某 1 于 2016 年 4 月 13 日去世。2016 年 5 月 9 日，被告深圳社保局受理了原告邓某 2 作为家属向深圳社保局提出的工伤待遇申请，邓某 2 要求深圳社保局支付医疗费、鉴定费、住院伙食费、丧葬补助金、供养亲属抚恤金和一次性工亡补助金，深圳社保局于 2016 年 6 月 23 日作出《深圳市工伤保险待遇决定书》，同意支付旧伤复发医疗费、鉴定费、住院伙食补贴，共计 8195.15 元，不同意支付丧葬补助金、供养亲属抚恤金和一次性工亡补助金。邓某 2 不服，遂提起本案行政诉讼。[①]

（二）法院裁决

1. 一审判决

一审法院认为，根据《工伤保险条例》和《广东省工伤保险条例》的规定，工伤职工的停工留薪期最多为 24 个月，享受停工留薪期待遇并非等同享受停工留薪期，因此工伤职工在 24 个月的停工留薪期已满后，旧伤复发，可以享受停工留薪期待遇，但不能再享受停工留薪期；一级至四级伤残职工在停工留薪期满后死亡的，其近亲属可以享受丧葬补助金、供养亲属抚恤金，其他等级伤残职工的近亲属不享受丧葬补助金、供养亲属抚恤金。因此，工伤职工邓某 1 的近亲属不享有相关补助金等待遇，遂判决驳回邓某 2 的诉讼请求。

2. 二审判决

二审法院认为，深圳社保局认为工伤职工遭受工伤事故（包括工伤复发）后，可以享受的停工留薪期前后累计最长不能超过 24 个月；若工伤职工已享受过 24 个月的停工留薪期后，工伤复发则不能再享受停工留薪期，以上主张不符合《工伤保险条例》

[①] 详可参见（2016）粤 03 行终 792 号行政判决书。

第三十八条以及《广东省工伤保险条例》第三十六条的规定。案涉职工属于在工伤复发治疗期及停工留薪期内因工伤死亡，符合《工伤保险条例》第三十九条第一款及《广东省工伤保险条例》第三十七条第一款、第二款的规定，其近亲属应享受丧葬补助金、供养亲属抚恤金和一次性工亡补助金。遂判决撤销一审判决和深圳市社保局的案涉行政决定，责令其重新作出工伤保险待遇处理决定。

二、以案说法

本案的争议焦点在于：（1）已享受过24个月停工留薪期的职工工伤复发后是否再享受停工留薪期；（2）工伤职工在工伤复发治疗期间死亡，其近亲属能否享受相应的工亡待遇。

（一）工伤复发的认定方式

根据《工伤保险经办规程》（人社部发〔2012〕11号）第四十四条、《关于实施〈工伤保险条例〉若干问题的意见》（劳社部函〔2004〕256号）第七条的规定，工伤复发需要向人社部门提交申请，由治疗职工的协议医疗机构提出是否需要治疗、是否工伤复发的诊断意见，经业务部门核准后再到协议机构就医，如果对工伤复发确认结果有争议的，由劳动能力鉴定委员会进行确认。

（二）工伤职工享受过24个月的停工留薪期后工伤复发，仍可继续享有停工留薪期

根据《工伤保险条例》第一条的规定，此条例的立法目的是保障遭受工伤事故伤害或患上职业病的职工获得医疗救治和经济补偿，促进工伤预防和职业康复，因此工伤保险制度中蕴含着人权保障的精神和损失分散的目的。根据《工伤保险条例》第三十三条和第三十八条的规定，职工因遭受工伤事故或患职业病

需要进行治疗的，一般可以享受最长 12 个月的停工留薪期。期间由原用人单位支付原工资福利待遇，特殊情况下，经设区的市级劳动能力鉴定委员会确认，可以将停工留薪期延长不超过 12 个月，职工工伤复发确认需要治疗的，可享受停工留薪期待遇。换言之，工伤职工治疗时单次享受的停工留薪期不得超过 24 个月，而非累计最长不超过 24 个月。若工伤职工工伤复发，即使其已经享受过 24 个月的停工留薪期，经申请核准后若确认需要治疗，可以再次享受停工留薪期待遇。

（三）工伤职工工伤复发治疗期间死亡，其近亲属应享有相关工伤保险待遇

根据《工伤保险条例》第三十九条的规定，伤残职工在停工留薪期内因工伤死亡，其近亲属有权享受丧葬补助金、供养亲属抚恤金和一次性工亡补助金的工亡待遇。故此，如果工伤职工在工伤治疗终止、上一段停工留薪期结束后工伤复发，经法定程序进行工伤复发确认后暂停工作接受治疗，则仍处于停工留薪期，在此治疗期间因工伤死亡，其近亲属可以向当地工伤保险行政部门主张从工伤保险基金中支付相应的丧葬补助金、供养亲属抚恤金和一次性工亡补助金。

三、专家建议

职工因工作遭受事故侵害或患职业病，在工伤治疗期间可以享有最长达 24 个月的停工留薪期，工伤职工有权要求其用人单位按月支付该职工原有的工资福利待遇。在相关医疗程序终结、工伤职工被评定伤残等级后，其将享受有关伤残待遇，而工资福利待遇将停发。此后，若工伤职工认为其工伤旧伤复发，应依法向行政部门申请并获得原工伤治疗机构的诊断意见，不能直接依据

受伤部位或病情的诊断结果由工伤职工自行认定工伤复发。获得工伤复发的确认意见后，该职工有权主张享有停工留薪期待遇，若用人单位拒绝支付其暂停工作治疗工伤期间的原工资福利待遇。则其可以依法向劳动仲裁委员会申请劳动仲裁，后向人民法院提起诉讼。若工伤保险行政部门在其工伤复发治疗期间拒绝向其支付《工伤保险条例》第三十八条规定的相关工伤福利待遇，工伤职工可以申请行政复议或提起行政诉讼。

四、关联法条

《工伤保险条例》第一条、第三十条、第三十二条、第三十三条、第三十八条、第三十九条；《工伤保险经办规程》（人社部发〔2012〕11号）第四十四条；《关于实施〈工伤保险条例〉若干问题的意见》（劳社部函〔2004〕256号）第七条。

职工自身过失不影响工伤认定

　　职工在工作时间、工作地点，因为工作原因受伤，当然可以享受到工伤保险赔付。但是，实践中经常会出现一些例外情况，比如职工不是在工作场所，而是在往来两个工作场所的路上负伤，或者职工自己对受伤存在一定过失，这样能否认定为工伤呢？

一、案例简介

（一）基本案情

　　孙某系 A 公司员工，2003 年 6 月 10 日上午受 A 公司负责人指派去北京机场接人。孙某从 A 公司所在地国际商业中心（以下简称商业中心）8 楼下楼，欲到商业中心院内停放的轿车处去开车。当行至 1 楼门口台阶处时，孙某脚下一滑，从 4 层台阶处摔倒在地面上，四肢不能活动。经医院诊断为颈髓过伸位损伤合并颈部神经根牵拉伤、上唇挫裂伤、左手臂擦伤、左腿皮擦伤。

　　孙某向园区劳动局提出工伤认定申请，园区劳动局于 2004 年 3 月 5 日作出《工伤认定决定书》，认为根据受伤职工本人的工伤申请和医疗诊断证明书，结合有关调查材料，依据《工伤保险条例》第十四条第五项的工伤认定标准，没有证据表明孙某的摔伤事故系由工作原因造成，而是由于本人注意力不集中，脚底踩空，才在下台阶时摔伤。其受伤结果与其所接受的工作任务没有明显的因果关系，故孙某不符合《工伤保险条例》规定的应当认定为工伤的情形，决定不认定孙某摔伤事故为工伤事故。A 公司则称孙某不是在本公司工作场所范围内摔伤，不符合认定工伤的条件。孙某不服园区劳动局作出的《工伤认定决定书》，向天津市第一中级人民法院提起行政诉讼。①

（二）法院裁决

1. 一审判决

天津市第一中级人民法院认为，案发时孙某虽不在位于商业中心 8 楼的 A 公司办公室，但其接受公司委派去机场接人，需驾驶的汽车停车处是孙某的另一处工作场所。汽车停在商业中心 1 楼的门外，孙某要完成开车任务，必须从商业中心 8 楼下到 1 楼门外停车处，故从商业中心 8 楼到停车处是孙某来往于两个工作场所之间的合理区域，应当认定为孙某的工作场所；且下楼行为与其工作任务密切相关，是孙某为完成工作任务客观上必须进行的行为，不属于超出其工作职责范围的其他不相关的个人行为。因此，孙某在 1 楼门口台阶处摔伤，系为完成工作任务所致。另外，职工从事工作中存在过失，不能阻却职工受伤与其从事本职工作之间的关联关系。因此，天津市第一中级人民法院于 2005 年 3 月 23 日作出判决，撤销园区劳动局所作《工伤认定决定书》，并限园区劳动局在判决生效后 60 日内重新作出具体行政行为。

2. 二审判决

一审判决作出后，园区劳动局提起上诉，天津市高级人民法院于 2005 年 7 月 11 日作出判决，驳回上诉，维持原判。

---

① 详可参见（2005）津高行终字第 0034 号行政判决书。

二、以案说法

本案的争议焦点有两个：一是多个工作场所的必经区域能否认定为工作场所？二是职工在工作时间内从事工作时自身存在过失，是否影响工伤的认定？

（一）多个工作场所之间的必经区域也属于工作场所

《工伤保险条例》第十四条第一项规定，职工在工作时间和工作场所内，因工作原因受到事故伤害，应当认定为工伤。该规定中的"工作场所"，并非只能狭义地解释为工作单位为职工提供用于平常工作的地方，而是指与职工工作职责相关的场所。在有多个工作场所的情形下，还应包括职工来往于多个工作场所之间的合理区域。本案中，园区劳动局认为孙某摔伤地点不属于其工作场所，系将完成工作任务的合理路线排除在工作场所之外，既不符合立法本意，也有悖于生活常识。

（二）职工在工作过程中不够谨慎的过失不影响工伤认定

《工伤保险条例》第十六条规定了排除工伤认定的三种法定情形，即因故意犯罪、醉酒或者吸毒、自残或者自杀的，不得认定为工伤或者视同工伤。职工从事工作中存在过失，不属于上述排除工伤认定的法定情形，不能阻却职工受伤与其从事本职工作之间的关联关系。工伤事故中，受伤职工有时有疏忽大意、精力不集中等过失行为，工伤保险正是分担事故风险、提供劳动保障的重要制度。如果将职工个人主观上的过失作为认定工伤的排除条件，有违工伤保险"无过失补偿"的基本原则，不符合《工伤保险条例》保障劳动者合法权益的立法目的。据此，即使孙某工作中在行走时确实有失谨慎，也不影响其摔伤系"因工作原因"的认定结论。

（三）认定工伤的条件

《工伤保险条例》第十四条规定了应当认定为工伤的6种情形：（1）在工作时间和工作场所内，因工作原因受到事故伤害的；（2）工作时间前后在工作场所内，从事与工作有关的预备性或者收尾性工作受到事故伤害的；（3）在工作时间和工作场所内，因履行工作职责受到暴力等意外伤害的；（4）患职业病的；（5）因工外出期间，由于工作原因受到伤害或者发生事故下落不明的；（6）在上下班途中，受到非本人主要责任的交通事故或者城市轨道交通、客运轮渡、火车事故伤害的。从以上列举的这6种情形可以看出，工伤认定不一定必须具备在工作时间与工作场所的条件，而是更强调"因工作原因"受伤。

三、专家建议

职工因为工作原因受伤或者被确诊为职业病后，如果用人单位不提出工伤认定申请，职工或近亲属可以在事故伤害发生之日或者被诊断、鉴定为职业病之日起1年内，携带包含事故发生的时间、地点、原因以及伤害程度等基本情况的工伤认定申请表与用人单位存在劳动关系的证明材料、医疗诊断证明或者职业病诊断证明书直接向用人单位所在地统筹地区社会保险行政部门提出工伤认定申请。如果社会保险行政部门作出不予认定工伤的决定，职工或近亲属可以依法申请行政复议或提起行政诉讼。

四、关联法条

《工伤保险条例》第十四条、第十五条、第十六条、第十七条、第十八条；《工伤认定办法》第二十三条。

第三人造成工伤可同时获赔侵权赔偿和工伤保险待遇

因第三人原因造成的工伤，被侵权人除可以请求第三人承担侵权责任外，还可以依据相关规定获得工伤保险赔付，二者并非互斥关系。

一、案情简介

（一）基本案情

2014年5月9日，某玻璃有限公司的一名操作工王某在下班途中，被孔某无证驾驶的轿车撞倒。后肇事人孔某逃逸，王某经医院抢救无效死亡。2014年7月2日，祁县公安局交通警察大队作出《道路交通事故认定书》，认定孔某承担事故的全部责任，受害人王某无责任。2014年8月28日，晋中市劳动和社会保障局作出认定王某属工伤的工伤认定书。2015年1月17日，山西省祁县人民法院作出《刑事判决书》，载明肇事者孔某赔偿被害人家属各项经济损失28万元且已实际履行。2015年3月16日，祁县社会医疗保险管理服务中心作出工伤保险待遇审核，其中医疗待遇为3975元，一次性工亡补助金259100元，丧葬补助金22751元，共计285826元，死者王某供养儿子抚恤金（2014年）的5915元，后认定的工伤保险待遇数额对被害人家属从肇事司机处获得的28

万元赔偿款进行了核减。[①]

（二）法院裁决

1. 一审判决

一审法院认为，祁县社会医疗保险管理服务中心作为法定的工伤保险经办机构，依据《工伤保险条例》第三十九条、《山西省实施〈工伤保险条例〉试行办法》第二十三条，以及《中华人民共和国社会保障部令》第十八条第二款、第三款的规定，对王某的工伤待遇进行了审核给付。对王某死亡后的医疗待遇、一次性工伤补助金、丧葬补助金进行了审核，并核减已由交通肇事方赔偿的各项经济损失 28 万元。其审核结果于法有据，应予支持。遂判决驳回原告的诉讼请求。

2. 二审判决

二审法院认为，祁县医疗保险管理服务中心对王某的工伤待遇审核事实清楚，适用法律法规正确，程序合法，应予以维持，遂判决驳回上诉，维持原判。

3. 再审判决

山西省高级人民法院认为，王某因交通事故死亡被认定为工伤，其近亲属虽从第三人处已获得 28 万元的侵权损害赔偿，但根据《社会保险法》第四十二条、《最高人民法院关于审理工伤保险行政案件若干问题的规定》第八条、《最高人民法院关于因第三人造成工伤死亡的亲属在获得民事赔偿后是否还可以获得工伤保险补偿问题的答复》等规定，其近亲属仍然可以获得相应的工伤保险待遇。《山西省实施〈工伤保险条例〉试行办法》作为地方政府规章与上位法相冲突。遂判决撤销原一审、二审判决，责令行政

[①] 详可参见（2020）晋行再 6 号行政判决书。

部门重新审核其工伤保险待遇。

二、以案说法

本案的争议焦点在于:(1)审理行政案件适用的法律规范问题;(2)工伤保险待遇审核中扣除第三人侵权损害赔偿是否适当。

(一)下位法与上位法相抵触,应适用上位法审查行政行为合法性

《中华人民共和国行政诉讼法》第六十三条规定:"人民法院审理行政案件应以法律、行政法规和地方性法规为依据。……参照规章。"最高人民法院发布的《关于审理行政案件适用法律规范问题的座谈会纪要》(以下简称《纪要》)第一条指出,人民法院审理行政案件参照规章时,应对规章是否合法有效进行判断,对合法有效的规章应当适用。可见,人民法院审查行政行为合法性过程中,并不必然适用部门规章或地方政府规章,而是在"参照"基础上对其合法性和有效性进行审查后适用。《纪要》第二条第(一)项也指出,下位法限制或者剥夺上位法规定的权利的,构成下位法与上位法相抵触,应适用上位法。本案中的一、二审法院适用的《山西省实施〈工伤保险条例〉试行办法》属于地方政府规章,其中第二十三条规定对工伤职工享有权利进行不当限缩,与司法解释《最高人民法院关于审理工伤保险行政案件若干问题的规定》第八条第三款这一上位法相冲突,因此应当适用上位法规定对相关行政行为的合法性进行审查。

(二)第三人造成工伤,工伤职工可同时获得第三人侵权赔偿和工伤保险待遇

根据《最高人民法院关于审理工伤保险行政案件若干问题的规定》第八条三款的规定,及最高人民法院(2006)行他字第十二号《关于因第三人造成工伤的职工或其近亲属在获得民事赔偿后是否还可以获得工伤保险补偿问题的答复》，因第三人造成工伤的职工或其近亲属，从第三人处获得民事侵权赔偿后，可以依照《工伤保险条例》第三十九条的规定向工伤保险机构申请工伤保险待遇补偿。除第三人支付的医疗费用外，社会保险经办机构不得以职工或其近亲属已经对第三人提起民事诉讼为由拒绝支付工伤保险待遇。因此，在第三人造成工伤的情况下，工伤职工或其近亲属不仅可以向侵权第三人主张民事损害赔偿，还可以依法向社会保险行政部门申请工伤认定和足额工伤保险待遇的支付。二者属于并行不悖的"民事赔偿"行为和"行政给付"行为，社会保险经办机构不得从工伤保险待遇中扣减工伤职工或其近亲属获得的第三人民事侵权赔偿。

三、专家建议

第一，我国境内的企业、事业单位、社会团体、民办非企业单位、基金会、律师事务所、会计师事务所等组织和有雇工的个体工商户应当依照《工伤保险条例》规定参加工伤保险，为本单位全部职工或雇工（以下称"职工"）缴纳工伤保险费，职工个人不需缴纳工伤保险费。职工在工作时间和工作场合因工作原因受到事故伤害、患职业病、或在上下班途中受到非本人主要责任的交通事故伤害等多种情形，均可认定为工伤，用工单位应在 30 日内向统筹地区社会保险行政部门提出工伤认定申请，若用工单位不按照规定提出申请，工伤职工或其近亲属、工会组织均可在 1年内直接向用人单位所在地统筹地区社会保险行政部门提出工伤认定申请。职工发生工伤，经治疗伤情相对稳定后存在残疾、影响劳动能力的，或者停工留薪期满，用人单位、工伤职工或者其近亲属应及时向设区的市级劳动能力鉴定委员会申请劳动能力鉴定。

第二，工伤认定或劳动能力鉴定结论作出后，职工或其近亲属可享受工伤医疗待遇、伤残补助金、伤残津贴、丧葬补助金、供养亲属抚恤金和一次性工亡补助金等行政给付。若因第三人造成工伤，还可同时向第三人请求侵权损害赔偿。若其工伤保险待遇相关权益受到侵害，可以依法申请行政复议或提起行政诉讼。

四、关联法条

《中华人民共和国行政诉讼法》第六十三条、第八十九条；《工伤保险条例》第二条、第十条、第十四条、第十五条、第十七条、第三十九条；《最高人民法院关于审理工伤保险行政案件若干问题的规定》第八条；《关于审理行政案件适用法律规范问题的座谈会纪要》第一条、第二条。

违规承包的"包工头"因工死亡也可享受工伤保险

建筑施工企业违反法律法规规定将自己承包的工程交由自然人实际施工，该自然人因工伤亡，社会保险行政部门可以参照《最高人民法院关于审理工伤保险行政案件若干问题的规定》第三条第一款有关规定认定建筑施工企业为承担工伤保险责任单位。

一、案情简介

（一）基本案情

2016年3月，朱某与A公司就朱某商住楼工程签订施工合同，发包人为朱某，承包人为A公司。补充协议约定由A公司设立工人工资支付专用账户，户名为陆某。随后，朱某商住楼工程以A公司为施工单位办理了工程报建手续。案涉工程由梁某组织工人施工，陆某亦在现场参与管理。施工现场大门、施工标志牌等多处设施的醒目位置，均标注该工程的承建单位为A公司。A公司为案涉工程投保了施工人员团体人身意外伤害保险，保险单载明被保险人30人，未附人员名单。2017年6月，梁某与陆某接到住建部门的检查通知，二人与工地其他人员在出租屋内等待检查。该出租屋系梁某承租，用于工地开会布置工作和发放工资。当日15时许，梁某被发现猝死在出租屋内。

梁某妻子刘某向当地人社局申请工伤认定。当地人社局作出梁某的《视同工亡认定书》，认定梁某是在工作时间和工作岗位，突发疾病在48小时之内经抢救无效死亡，符合《工伤保险条例》第十五条第一款第一项规定的情形，视同因工死亡。A公司不服，向当地政府申请行政复议。当地政府作出《行政复议决定书》，认为《视同工亡认定书》认定事实不清、证据不足，适用依据错误，程序违法，予以撤销。刘某不服，提起诉讼，请求撤销《行政复议决定书》，恢复《视同工亡认定书》的效力。[①]

（二）法院裁决

1.一审判决

梁某与A公司之间未签订任何相关合同或协议，没有证据证明A公司与梁某之间存在分包、管理与聘用的事实。梁某作为实际施工人、"包工头"，在出租屋内死亡，应与其他受聘用劳动者在工伤认定中区分开来。当地政府认为梁某不应认定其视同因工死亡的理据充分。当地政府作出的《行政复议决定书》认定事实清楚，适用法律正确，程序合法。判决驳回刘某的诉讼请求。

2.二审判决

虽然被诉复议决定未能查明当地人社局在工伤认定程序中存在的程序违法的问题，但对被诉复议决定当地人社局作出的《视同工亡认定书》这一结果的正确性没有实质影响。因此，原审法院判决维持被诉复议决定并无不当。驳回上诉，维持原判。

3.再审判决

A公司已经与梁某形成事实上的转包关系，应作为承担工伤保险责任的单位；将包工头纳入工伤保险范围，并在其因工伤亡时保障其享受工伤保险待遇的权利，由具备用工主体资格的承包

---

① 详可参见（2021）最高法行再1号行政判决书。

单位承担用人单位依法应承担的工伤保险责任，符合工伤保险制度的建立初衷，也符合《工伤保险条例》及相关规范性文件的立法目的，因此应由 A 公司承担梁某的工伤保险责任。恢复《视同工亡认定书》的效力并撤销之前判决。

二、以案说法

在本案中需要关注的是，具备用工主体资格的承包单位能否作为承担工伤保险责任的单位、是否应承担因工伤亡自然人的工伤保险责任，以及"包工头"承揽违法时还能否被纳入工伤保险范围。

（一）具备用工主体资格的承包单位应作为承担工伤保险责任的单位

作为具备用工主体资格的承包单位，既然享有承包单位的权利，也应当履行承包单位的义务。在工伤保险责任承担方面，承包单位与自然人之间虽未直接签订转包合同，但允许自然人利用其资质并挂靠施工，可以视为两者间已经形成事实上的转包关系，A 公司可以作为承担工伤保险责任的单位。

（二）具备用工主体资格的承包单位应承担因工伤亡自然人的工伤保险责任

建设工程领域具备用工主体资格的承包单位承担其违法转包、分包项目上因工伤亡职工的工伤保险责任，并不以存在法律上劳动关系或事实上劳动关系为前提条件。根据《人力资源和社会保障部关于执行〈工伤保险条例〉若干问题的意见》第七条规定、《最高人民法院关于审理工伤保险行政案件若干问题的规定》第三条规定，为保障建筑行业中不具备用工主体资格的组织或自然人聘用的职工因工伤亡后的工伤保险待遇，加强对劳动者的倾斜保护和对违法转包、分包单位的惩戒，现行工伤保险制度确立了因工伤亡职工与承包单位之间推定形成拟制劳动关系的规则，即直接将违法转包、分包的承包单位视为用工主体，并由其承担工伤保险责任。

（三）违法承揽的"包工头"可以被纳入工伤保险范围

将"包工头"纳入工伤保险范围，符合建筑工程领域工伤保险发展方向和符合应保尽保的工伤保险制度立法目的。根据《工伤保险条例》第二条规定，中华人民共和国境内的企业、事业单位、社会团体、民办非企业单位、基金会、律师事务所、会计师事务所等组织的职工和个体工商户的雇工，均有依照本条例的规定享受工伤保险待遇的权利。显然，该条强调的本单位全部职工或者雇工，并未排除个体工商户、"包工头"等特殊的用工主体自身也应当参加工伤保险。

"包工头"因工伤亡，与聘用的施工人员因工伤亡，就工伤保险制度和工伤保险责任而言，并不存在本质区别。如人为限缩《工伤保险条例》的适用范围，不将"包工头"纳入工伤保险范围，将形成实质上的不平等。不能因为"包工头"违法承揽工程违反建筑领域法律规范，而否定其享受社会保险的权利。承包单位依法承担工伤保险责任后，在符合法律规定的情况下，可以依法另行要求相应责任主体承担相应的责任。

三、专家建议

虽然在本案中，自然人违规承包因公死亡得到工伤保险支持，但是在建筑承包过程中，自然人承包者仍需做好前置程序保障个人权利，应与雇主签订正规的劳动合同，明确工作内容、工作时间、劳动报酬、社会保险等条款，确保双方的权益得到法律保护。

四、关联法条

《最高人民法院关于审理工伤保险行政案件若干问题的规定》第三条;《工伤保险条例》第二条、第十五条。

遇难人员对事故负有责任并非拒发
行政救助金的法定理由

　　获得国家的行政救助是公民享有的基本权利，而实施行政救助是行政机关行政职能的组成部分。为保障特定对象的此项基本权利，使救助对象切实获得行政救助，行政救助逐渐被纳入法治化轨道。公民在存在相应行政救助情形时，有权依法向有关行政机关主张其向自己提供包括物质帮助和人身保护方面的行政救助。

一、案情简介

（一）基本案情

　　徐某之夫陈某是"鲁城渔 60326"号渔船的实际经营者。2013年 8 月 9 日，陈某带 10 名船员出海捕捞海蜇，次日发生渔船翻扣事故，致使陈某等 2 人死亡、9 人失踪。2013 年 8 月 23 日，山东省海洋与渔业厅作出《青岛鲁城渔 60326 "8.10"重大风灾翻扣事故调查报告》，该报告认定：2013 年 8 月 10 日"鲁城渔 60326"号渔船翻扣事故是一起因大风引发的自然灾害事故。事故发生后，徐某向青岛市城阳区河套街道办事处要求发放救灾慰问金，被告河套街道办于 2016 年 1 月 14 日作出《关于徐某信访事项听证说理会听证结论》，告知徐某的要求不属于信访部门受理范围，依法应当通过诉讼途径解决，徐某于同日签收。后徐某向人民法院提起诉讼，要求青岛市高新技术产业开发区管理委员会社会事务局

及青岛市城阳区河套街道办事处给付其 27 万元的救灾抚慰金。^①

（二）法院裁决

1. 一审判决

一审法院认为，县级以上地方人民政府民政部门负责本行政区域的自然灾害救助工作，被告青岛市高新技术产业开发区管理委员会社会事务局是原告所在区域主管民政工作的部门，负责本区自然灾害事故救助工作。案涉事故已被有关部门认定为自然灾害事故，被告认为遇难人员有过错责任不给予灾害救助金，于法无据。遂判决二被告于判决生效后 60 日内向徐某要求发放救灾抚慰金。

2. 二审判决

二审法院认为，山东省海洋与渔业厅虽已于 2013 年 8 月 23 日作出《青岛鲁城渔 60326 "8.10" 重大风灾翻扣事故调查报告》且已告知被上诉人，但被上诉人已知道该告知书的内容并不意味着被上诉人知晓或者应当知晓可向两上诉人申请发放自然灾害救助抚慰金，因此不应以 2013 年 8 月 23 日作为行政相对人的起诉期限起算点，行政相对人于 2016 年 3 月 18 日向原审法院提起诉讼并未超过 2 年起诉期限；因遇难人员陈某对于事故发生负有责任因而其家属不符合发放抚慰金的条件的主张缺乏法律依据，原判认定事实清楚、适用法律正确、程序合法，依法予以维持，遂判决驳回二被告的上诉，维持原判。

二、以案说法

本案的争议焦点在于：（1）行政相对人提起行政诉讼是否超过

---

① 详可参见（2017）鲁 02 行终 67 号行政判决书。

起诉期限;(2)原告是否符合发放自然灾害救助抚慰金的条件。

(一)行政诉讼起诉期限起算点的确定方式

首先,根据《中华人民共和国行政诉讼法》第四十六条第一款的规定,公民、法人或其他组织应当在知道或应当知道行政行为作出之日起6个月内向人民法院提起诉讼,除不动产诉讼案件外的最长起诉期限为自行政行为作出之日起20年以外,其他案件的最长起诉期限为5年,亦即行政相对人对行政行为不服的,应在6个月为向人民法院提起诉讼。若行政相对人一直未能知道或不应知道行政行为作出,则除因不动产提起诉讼的案件外,行政相对人超过行政行为作出之日起5年向人民法院提起诉讼,人民法院将不予受理,这是为维护行政行为的稳定性和节约有限的司法资源。其次,根据《最高人民法院关于适用〈中华人民共和国行政诉讼法〉的解释》第六十四条、第六十五条的规定,行政机关作出行政行为时,未告知行政相对人起诉期限的,起诉期限的起算点将为行政相对人知道或应到知道起诉期限之日,但最长不超过1年;若行政相对人不知道行政行为内容,则起诉期限自其知道行政行为内容之日起算,但最长不超过5年。最后,对于行政机关不作为的行为不服的,行政相对人在行政机关接到申请之日起2个月后可提起诉讼,若得到行政机关明确拒绝答复的,可直接提起行政诉讼,起诉期限的起算点也从此时开始计算。

(二)行政机关不得以遇难人员对事故发生负有责任为由拒绝发放救助抚慰金

根据《自然灾害救助条例》第三十三条的规定:"发生事故灾难、公共卫生事件、社会安全事件等突发事件,需要由县级以上人民政府民政部门开展生活救助的,参照本条例执行。"被依法认定为自然灾害的事故,属于上述条例规定的"事故灾难",应参照该条例的规定开展行政救助。根据《青岛市财政局自然灾害生活救助资金使用管理暂行办法》第九条的规定，向遇难人员家属发放自然灾害抚慰金并不以遇难人员对灾害发生无过错责任为条件。故此，各地区的行政机关在对相关人员发放抚慰金时，应严格遵守法定条件，不能在缺乏法律依据的前提下擅自增加条件、增加行政相对人获得行政救助的难度。

（三）行政救助金发放数额属于行政裁量范围，人民法院不应直接作出裁判

面对行政机关的不作为，行政相对人有权依法提起依申请履职之诉。然而行政权有其自身的运行特点及规律，对其行政职权范围内的事项具有优先裁量和判断的权力，若司法机关过早介入相关履职行为，或有干预行政权行使之嫌。故此，行政救助金的发放数额应由行政机关首先进行裁量，人民法院不应直接作出裁判，而是应根据《行政诉讼法》第七十三条的规定判决行政机关依法履行给付义务。

三、专家建议

行政相对人对行政机关作出的作为之行政行为不服的，有权申请行政复议或向人民法院提起行政诉讼；若行政相对人对行政机关不履行法定职责或给付义务的不作为行为不服的，亦可以申请行政复议或提起行政诉讼，请求行政机关依法履职或给付，但需要注意上述起诉期限。若超过法定起诉期限，则人民法院将不予受理。此外，在发放救助金、抚恤金等行政救助金的过程中，行政机关拥有"首次判断权"，人民法院应当予以尊重，因此行政相对人若直接请求法院判令行政机关给付一定确定数额的行政救助金，将难以得到人民法院的支持。

四、关联法条

《中华人民共和国行政诉讼法》第四十六条、第四十七条、第七十三条;《最高人民法院关于适用〈中华人民共和国行政诉讼法〉的解释》第六十四条、第六十五条、第九十二条;《自然灾害救助条例》第三十三条。

六、生产经营

顺风车接平台"违法"单谁来担责？

私人小客车合乘（亦称拼车、顺风车）并非道路运输经营行为，不属于《中华人民共和国道路运输条例》的调整范围，对该行为的行政监管应遵循处罚法定原则。合乘平台是合乘服务信息的提供者，对合乘信息负有相应审查义务，合乘平台提供的合乘信息受到政府部门监管的，车主基于对政府监管的合理信赖而按照平台所提供信息而实施的合乘行为应受到法律保护。

一、案情简介

（一）基本案情

原告曾某在 2016 年 3 月 12 日注册为顺风车司机，截至 2018 年 2 月 26 日，共接单 22 次（跨区域运行路线的有 18 次），获得收入 1814.2 元。

曾某在 2017 年 5 月 17 日通过滴滴平台接了一笔顺风车订单（滴滴平台对顺风车车主收取信息服务费，而乘客不收费），从茅草街到长沙市火车站（跨区域运行）。在行驶途中，被告岳麓区交通运输局的执法人员拦截了曾某的车，并扣押了车辆，打算对其处以罚款，曾某申请并参加了听证会。6 月 20 日，岳麓区交通运输局作出了 2 万元的行政处罚。曾某不服，向长沙市交通运输局申请行政复议，后者在 10 月 13 日作出行政复议决定以适用法律依据错误为由确认岳麓区交通运输局的处罚决定违法，并责令其重新作出决定。

2017 年 11 月 7 日，岳麓区交通运输局依据《中华人民共和国道路运输条例》第六十三条规定作出了 2 万元的《行政处罚决定书》。曾某再次申请行政复议。2018 年 1 月 30 日，长沙市岳麓区人民政府向曾某送达了《行政复议决定书》，决定维持长沙市岳麓区交通运输局所作的行政处罚决定。曾某认为长沙市岳麓区交通运输局的《行政处罚决定书》及长沙市岳麓区人民政府的《行政复议决定书》均违法，诉至法院请求撤销这些决定。①

（二）法院裁决

1. 一审判决

行程涉及长途客运行程，且滴滴平台的跨区域信息服务违法，因此曾某的行为不符合合法的合乘定义，交通运输局拥有行政处罚权。另外，考虑曾某基于网络平台的信任和平台责任，以及其接受处罚的态度，交通运输局在处罚时减轻处罚，程序合法。判决驳回曾某的全部诉讼请求。

2. 二审判决

《行政处罚决定书》认定事实清楚，定性准确，适用法律正确，程序合法。驳回上诉，维持原判。

3. 再审判决

曾某利用网络平台预约载客行为应认定为顺风车搭乘行为而并非非法营运行为，不属于《中华人民共和国道路运输条例》的调整范围。因提供合乘信息的主体为滴滴平台公司，违反相关合乘规定的后果不应由再审申请人承担，长沙市岳麓区交通运输局作出行政处罚的程序违法。撤销《行政处罚决定书》《行政复议决

---

① 详可参见（2020）湘行再 8 号行政判决书。

定书》及原先判决。

二、以案说法

本案涉及私人小客车合乘这一新型出行方式，对这一方式的认定是本案的关注点之一；另外，当因平台提供违法合乘服务信息时应由平台还是车主承担责任也是本案争议焦点之一。

（一）私人小客车合乘的认定标准

《国务院办公厅关于深化改革推进出租汽车行业健康发展的指导意见》第十条指出，私人小客车合乘（也称拼车、顺风车），是指不以营利为目的，由合乘出行提供者通过互联网方式事先发布个人驾车出行信息，由出行线路相同的人选择乘坐合乘出行提供者的非营运小客车，分摊部分出行成本或免费互助的共享出行方式。私人小客车合乘有利于缓解交通拥堵和减少空气污染，政府应鼓励并规范其发展，制定相应规定，明确合乘服务提供者、合乘者及合乘服务信息服务平台等三方的权利和义务。《网络预约出租汽车经营服务管理暂行办法》第三十八条规定，私人小客车合乘，也称为拼车、顺风车，按照政府有关规定执行。

本案中，曾某作为滴滴顺风车车主，接送乘客往返于家和工作地点，被长沙市岳麓区交通运输局质疑是否符合长沙市的顺风车合乘标准。尽管交通运输局根据曾某的车型和行程计算出盈利，但未充分考虑滴滴平台的服务费、车龄和路况等因素，导致计算依据不足。在充分考虑平台服务费等因素后，可以认为曾某搭载乘客的行为不以盈利为目的，由出行线路大致相同的人分摊部分出行成本，宜将行为认定为顺风车合乘。

（二）平台提供违法合乘服务信息，平台应承担法律责任

从平台、车主、乘客三者关系来看，车主和乘客均向平台发布出行信息，平台整合信息后进行匹配确定订单，平台向车主和乘客发布该信息，经车主和乘客确认后即达成协议。车主按平台的指示完成行程，乘客向平台支付费用，平台在扣除服务费后再向车主支付费用。在此关系中，车主是按照平台提示的行程接单，费用也不由车主决定而由平台计算。应认为与乘客建立搭乘服务关系的是平台而非车主，平台应承担承运人责任和相应社会责任。部分地方性文件，如《长沙市私人小客车合乘管理规定》第四条也规定，合乘平台不得提供跨省市、跨区域的合乘服务信息。该条规定应理解为若平台违反该规定，提供了跨省市、跨区域的合乘服务信息，则平台应承担责任，而非车主承担责任。

本案处罚的行为是平台公司违反交通运输相关法律法规规章的行为，故交通运输局应对平台处罚而非车主。

三、专家建议

近年来，私人小客车合乘作为一种新型共享经济模式，在我国得到了广泛地应用和发展。这种模式不仅有助于缓解城市交通压力，减少环境污染，还能促进社会资源的合理利用。然而现有法律法规的规定仍有不成熟之处，当因平台原因导致违法接单时，平台应承担承运人责任和相应社会责任。一方面承运人在违法接单后应及时积极提供接单时平台发布的接单信息、行驶轨迹等，并积极联系客服沟通，保障个人权利；另一方面承运人也应当增强守法意识，了解当地的顺风车合乘标准，谨慎识别平台提供的接单信息。

四、关联法条

《中华人民共和国道路运输条例》第六十三条;《国务院办公厅关于深化改革推进出租汽车行业健康发展的指导意见》第十条;《网络预约出租汽车经营服务管理暂行办法》第三十八条。

企业登记名称需符合公序良俗

企业名称是企业从事民事活动的前提和基础，是企业区别于其他企业的重要标志。企业有选取名称的自由，但是企业名称关系到市场秩序与公共利益，不可以随意登记，必须符合法律规定，不违背公序良俗。

一、案例简介

（一）基本案情

2017年6月15日，唐某向天府新区成都片区工商行政管理局提交"企业名称预先核准申请书"等申请材料，申请注册四川省"一带一路"贸易发展有限公司，注册资金为1200万元，经营范围为：国内外贸易、进出口业、会展会议服务、工艺品、办公用品、日用百货、五金交电金属材料销售、企业管理、信息咨询。天府新区成都片区工商行政管理局于2017年6月19日向唐某作出52号通知书，决定不予核准企业名称。理由为"一带一路"具有特定含义，易对公众造成欺骗或者误解，不宜作为企业名称。唐某不服，称全国已有百余家使用"一带一路"作为企业名称的公司，遂诉至四川省成都市中级人民法院，请求法院撤销52号通知书。①

---

① 详可参见（2017）川01行初字第633号行政判决书。

（二）法院裁决

四川省成都市中级人民法院认为，企业申请以"一带一路"作为企业名称注册，可能使社会公众对该企业与"一带一路"倡议产生联系，使公众对该企业相关情况产生误解，并基于该误解而进行交易或者作出决策，可能损害其他市场参与者的合法权益，对正常的市场秩序造成冲击。且原告申请预先核准的四川省"一带一路"贸易发展有限公司的企业名称与其实际经营范围、经营规模、经营实力并不完全匹配，其名称中的"一带一路"字样可能使公众对其经营范围、资金来源及产业结构等造成欺骗或者产生误解。故天府新区成都片区工商行政管理局驳回原告注册登记申请并作出 52 号通知书的理由充分、适用法律正确，四川省成都市中级人民法院判决驳回原告唐某的诉讼请求。

二、以案说法

（一）法人、非法人组织享有名称权

《中华人民共和国民法典》（以下简称《民法典》）第一千零一十三条规定，法人、非法人组织享有名称权，有权依法决定、使用、变更、转让或者许可他人使用自己的名称。名称是一个法人或者非法人组织表征自己主体身份的重要外在标志，也是其区别于其他法人或者非法人组织的重要特征。企业的名称权受法律保护，任何组织和个人不得以干涉、盗用、假冒等方式侵害企业的名称权。对某些特殊形态的企业来说，法律对其名称有特殊的要求，例如，《中华人民共和国公司法》规定有限责任公司应在名称中标明"有限责任公司"或者"有限公司"字样，股份有限公司的名称应当包括"股份有限公司"或者"股份公司"字样，《中华人民共和国合伙企业法》中规定合伙企业名称中应当包含"普

通合伙"字样，而特殊的普通合伙企业名称中应当标明"特殊普通合伙"字样，有限合伙企业名称中应当标明"有限合伙"字样。

（二）企业名称应当符合公序良俗

《民法典》第八条规定，民事主体从事民事活动，不得违反法律，不得违背公序良俗。企业作为民事主体，选取企业名称亦应当遵守法律规定和公序良俗原则，尊重社会公德，不得扰乱社会经济秩序，损害社会公共利益。《企业名称登记管理规定》中列举了几种不得作为企业名称的情形，企业名称不得损害国家利益、社会公共利益，不得妨碍社会公共秩序，不得使用或者变相使用政党、党政军机关、群团组织名称及其简称、特定称谓和部队番号，不得使用外国国家（地区）、国际组织名称及其通用简称、特定称谓，不得含有淫秽、色情、赌博、迷信、恐怖、暴力和民族、种族、宗教、性别歧视的内容，不得违背法律规定和公序良俗，以及不得使可能使公众受骗或者产生误解。本案中，唐某申请使用"一带一路"作为企业名称，首先，唐某注册的公司经营范围与"一带一路"并无关联，可能会使公众受骗或产生误解。其次，"一带一路"不得轻易被注册为企业名称，否则会使公众误认为与国家出资、政府信用等有关系，进而扰乱市场秩序，损害社会公共利益。

（三）行政机关应当审查企业名称登记申请

企业名称由企业自主申报办理登记申请，企业登记机关应当及时对企业名称注册登记申请进行审查，不符合法律规定或公序良俗的，不予登记并书面说明理由。企业登记机关对不符合规定的企业名称予以登记，或者对符合规定的企业名称不予登记的，根据《企业名称登记管理规定》，应当给予直接负责的主管人员或其他直接负责人员以行政处分。企业登记机关发现已经登记的企业名称不符合法律规定或公序良俗的，可以自行纠正，其他单位或者个人也可以请求企业登记机关予以纠正。本案中，唐某称全国已有百余家使用"一带一路"作为企业名称的公司，但这并不是合理的抗辩理由，对于已经登记注册的含有"一带一路"字样的企业名称，主管企业登记机关可以自行纠正。

三、专家建议

为企业选取名称不能随心所欲，要符合法律规定的形式且不能违反公序良俗。企业的全名应当由行政区划名称、字号、行业或者经营特点、组织形式组成，其中字号即通常所说的具有企业特色的名称，字号的选取应当符合《企业名称登记管理规定》与《企业名称登记管理规定实施办法》的规定，否则行政机关有权不予登记。

四、关联法条

《中华人民共和国民法典》第八条、第一千零一十三条、第一千零一十四条;《中华人民共和国公司法》第六条、第七条、第十五条;《中华人民共和国合伙企业法》第五十六条、第六十二条;《企业名称登记管理规定》第六条、第十一条、第二十条、第二十四条;《企业名称登记管理规定实施办法》第十六条。

"免费"并非是食堂不办理食品经营许可的"挡箭牌"

在忙碌的工作之余,热腾腾的饭菜能为单位的员工驱散一天的疲惫。不少公司和单位在招聘时,都会打出"内部食堂福利""免费食堂福利"的招牌吸引应聘者。那么,为员工免费提供食堂,需要办理食品经营许可吗?

一、案例简介

(一)基本案情

某汽车销售服务有限公司是有固定经营场所的销售公司,从事汽车销售业务。2018年10月,为方便职工用餐,某汽车销售服务有限公司在其经营场所内开设公司食堂,向公司所有员工免费提供午餐。2019年8月,青岛市城阳区市场监督管理局对该公司的公司食堂进行检查,认为某汽车销售服务有限公司的食堂属于从事食品经营活动,并扣押了未经许可加工食品的工具若干。2019年10月,在某汽车销售服务有限公司听证等程序后,青岛市城阳区市场监督管理局对某汽车销售服务有限公司作出了行政处罚决定书。某汽车销售服务有限公司不服,认为其为方便职工而提供免费午餐,并非经营食品,不应受到行政处罚,诉至法院。①

---

① 详可参见(2020)鲁02行终656号行政判决书。

（二）法院裁判

一审法院认为，国家对从事餐饮服务实行许可制度，无论从事餐饮服务是否以盈利为目的，都应当依法取得食品经营许可。本案中某汽车销售服务有限公司食堂自 2018 年 10 月份开始为公司员工提供免费午餐的行为违反了《中华人民共和国食品安全法》（以下简称《食品安全法》）第三十五条的规定，被告认定原告构成未经许可经营食品违法行为，并依据《食品安全法》第一百二十二条第一款的规定对原告进行处罚，认定事实清楚，适用法律正确。原告所提的免费提供午餐不属于经营销售行为而无须办理食品经营许可的理由，依法不能成立。因此，一审法院判决驳回原告的诉讼请求。二审法院维持了一审法院的判决。

二、以案说法

根据《食品安全法》第八十四条规定，未经许可从事食品生产经营活动的，应当由有关部门采取没收、罚款等处罚措施。而对于单位食堂是否应当办理食品生产经营许可，单位食堂无偿提供餐食是否属于该法规定的"食品生产经营活动"这两个问题，大家常常发生误解。

（一）"单位免费提供午餐"的定性

一般来说，食品生产经营是指从事食品生产、加工、销售以及为食品生产加工提供场所、设施、运输、储藏等服务的活动。我国《食品安全法》并没有对食品生产经营的内涵进行解释，而是规定了需要进行许可的活动，包括：食品生产加工、食品销售、餐饮服务；食品添加剂的生产；食品相关产品的生产；食品检验活动等。可见，"食品生产加工"这一活动可以包括盈利的加工和不以盈利为目的的加工。"食品生产经营"既包括面向消费市场的

"食品经营"行为，也包括以盈利为目的或不以盈利为目的"食品生产"行为。本案中，虽然原告称免费提供午餐不属于经营销售行为的说法有一定道理，但并不能成为无须办理食品经营许可的理由。

（二）单位食堂须申请食品生产经营许可

在我国，从事食品生产经营必须取得行政许可，即在进行食品生产经营活动之前必须经过"准入"的考核。根据我国《食品安全法》第二十九条第一款规定，国家对食品生产经营实行许可制度。从事食品生产、食品流通、餐饮服务，应当依法取得食品生产许可、食品流通许可、餐饮服务许可。其中，不以营利为目的的食品生产经营场所（如单位食堂）也应取得许可。自 2023 年12 月 1 日起施行的《食品经营许可和备案管理办法》第十五条规定，学校、托幼机构、养老机构、建筑工地等集中用餐单位的食堂应当依法取得食品经营许可。在此之外，只有食用农产品不实行许可制度，根据《食品安全法》第三十五条第一款规定，销售食用农产品，不需要取得许可。食品生产活动中的"免费提供"可以成为从轻处罚的依据。本案中，青岛市城阳区市场监督管理局根据原告违法经营食品货值金额无法计算的事实，结合原告积极配合调查，如实陈述违法事实，且就餐人数较少、危害后果较小等情节，在自由裁量幅度内，依法从轻行政处罚。

三、专家建议

公司在自己的经营场所为员工开设食堂，无论是否收费都应当申请办理食品生产经营许可，"免费提供"并非被管理部门处罚时的"免责金牌"。公司在为员工的餐饮提供便利时，应当注意相关的食品安全法规，在当地市场监督管理部门网站等公开信息发布平台进行初步了解和查询，避免"趟雷区"。在办理食品生产经营许可后，还需注意依法进行相关食品安全标准的实施。此外，公司若因申请程序、执行标准等问题不愿开设食堂，也可以采用"餐补"、提供加热小家电等方式保障员工饮食。

四、关联法条

《中华人民共和国食品安全法》第二条、第三十五条；《食品经营许可和备案管理办法》第十五条。

电商食品经营者需要具备法定资质

随着互联网的发展，越来越多的人选择在各大互联网平台上从事电商食品经营。然而，鉴于食品安全关乎广大人民群众的生命健康安全问题，法律规定不具备食品经营法定资质就不得从事相关经营活动，否则会受到行政处罚。因此，即便在互联网平台上，公民亦不得在未具备食品经营资质的情况下进行电商食品经营，更不能伪造法定资质进行经营活动。

一、案例简介

（一）基本案情

2016年11月，被告嘉兴市市场监督管理局的执法人员在对淘宝网店的日常监测中发现，原告胡某个人注册的"婴童物语"网店公示的《营业执照》和《食品经营许可证》有虚假嫌疑。2017年11月21日，嘉兴市市场监督管理局作出《行政处罚决定书》：（1）认定胡某在未取得《食品经营许可证》的情况下，通过"婴童物语"淘宝网店从事惠氏、美素佳儿奶粉的销售，该行为违反《中华人民共和国食品安全法》（以下简称《食品安全法》）、《食品经营许可管理办法》和《网络食品安全违法行为查处办法》的相关规定，对胡某作出行政处罚：①没收27个快递盒内的奶粉；②处奶粉货值金额10倍的罚款397371.20元。（2）认定胡某在"婴童物语"网店公示虚假的《食品经营许可证》，违反《网络食品安全违法行为查处办法》，对胡某责令改正并处以罚款 3 万元。胡某对该行政处罚不服，遂向浙江省市场监督管理局申请行政复议。2018 年 5 月 22 日，浙江省市场监督管理局作出《行政复议决定书》，认为胡某的违法行为事实清楚，证据确凿，行政处罚适用的法律依据正确，内容恰当，但嘉兴市市场监督管理局执法人员两次延长办案期限，实际办案时间已超过法定办案期限，行政处罚程序违法。根据《行政复议法》规定，决定确认《行政处罚决定书》违法。胡某不服，向人民法院起诉，请求撤销嘉兴市市场监督管理局作出的《行政处罚决定书》和浙江省市场监督管理局作出的《行政复议决定书》。①

（二）法院裁决

1. 一审判决

杭州互联网法院认为，被诉行政处罚决定认定事实清楚，适用法律正确，对违法行为定性准确，量罚适当。虽然办案期限超过法定期限，但并未对胡某的权利和行政处罚结果产生实际影响，故被诉行政处罚决定不必撤销，应当依法确认行政处罚程序轻微违法。被诉行政复议决定符合法定程序，认定事实清楚，适用法律正确，胡某要求撤销行政复议决定于法无据，故对其诉讼请求不予支持。

2. 二审判决

浙江省杭州市中级人民法院认为，被诉行政处罚决定所依据的事实清楚、证据确凿，行政处罚适用的法律依据正确、内容恰当，虽然办案超过法定期限，但办案期限的瑕疵未对胡某的权利和行政处罚结果产生实际影响，故行政处罚决定不必撤销，应当

---

① 详可参见（2019）浙 01 行终 678 号行政判决书。

依法确认程序轻微违法。被诉行政复议决定符合法定程序，认定事实清楚，适用法律正确。据此，法院判决驳回原告胡某的诉讼请求。

二、以案说法

电商食品经营者需要具备哪些法定资质？不具备法定资质从事电商食品经营、伪造法定资质将会受到什么行政处罚？这是许多将要从事电商食品经营的公民都关心的问题。另外，行政处罚超过办案期限时，公民应当如何维护自己的合法权益？这是本案的焦点问题。

（一）电商平台食品经营者应当具备法定资质

《食品安全法》第三十五条规定，国家对食品生产经营实行许可制度。从事食品生产、食品销售、餐饮服务，应当依法取得许可，但是，销售食用农产品和仅销售预包装食品的，不需要取得许可，而仅销售预包装食品的，应当报所在地县级以上地方人民政府食品安全监督管理部门备案。食用农产品是指在农业活动中获得的供人食用的植物、动物、微生物及其产品。而预包装食品则包括预先定量包装以及预先定量制作在包装材料和容器中，并且在一定范围内具有统一的质量或体积标识的食品。《食品经营许可管理办法》第二条规定，在中华人民共和国境内，从事食品销售和餐饮服务活动，应当依法取得食品经营许可。《网络食品安全违法行为查处办法》第十六条规定，入网食品生产经营者应当依法取得许可，可见从事电商食品经营同样需要办理《食品经营许可证》。本案中，胡某在未取得《食品经营许可证》的情况下，在嘉兴市租赁办公场所及仓库，并通过其本人开办的"婴童物语"淘宝网店从事惠氏、美素佳儿等奶粉的销售，违反上述法律规定，依法应当受到行政处罚。

（二）伪造《食品经营许可证》等法定资质将会受到行政处罚

《食品经营许可管理办法》第二十六条规定，食品经营者应当妥善保管食品经营许可证，不得伪造、涂改、倒卖、出租、出借、转让。第四十八条规定，违反本办法第二十六条第一款规定，食品经营者伪造、涂改、倒卖、出租、出借、转让食品经营许可证的，由县级以上地方食品药品监督管理部门责令改正，给予警告，并处1万元以下罚款；情节严重的，处1万元以上3万元以下罚款。《网络食品安全违法行为查处办法》第四十三条规定，违反本办法规定，网络食品交易第三方平台提供者、入网食品生产经营者提供虚假信息的，由县级以上地方市场监督管理部门责令改正，处1万元以上3万元以下罚款。本案中，胡某在其开办的"婴童物语"淘宝网店公示虚假的《食品经营许可证》，违反《食品经营许可管理办法》第二十六条、《网络食品安全违法行为查处办法》第四条、第十八条第一款规定，依据《网络食品安全违法行为查处办法》第四十三条，嘉兴市市场监督管理局在对胡某作出责令改正的同时，处以罚款3万元。

（三）行政处罚超过办案期限可以请求确认行政行为程序违法

《中华人民共和国行政诉讼法》第七十四条规定，行政行为有下列情形之一的，人民法院判决确认违法，但不撤销行政行为：……（2）行政行为程序轻微违法，但对原告权利不产生实际影响的。《最高人民法院关于适用〈中华人民共和国行政诉讼法〉的解释》第九十六条规定，有下列情形之一，且对原告依法享有的听证、陈述、申辩等重要程序性权利不产生实质损害的，属于《行政诉讼法》第七十四条第一款第二项规定的"程序轻微违法"：（1）处理期限轻微违法……据此，行政处罚办案期限轻微违法可以适用"确认违法但不撤销"。本案中，公安机关办案期限超过法定期限，因未对胡某的权利和行政处罚结果产生实际影响，故被诉行政处罚决定不必撤销，应当依法确认为程序轻微违法。值得一提的是，若公安机关办案期限严重违法，则不属于"程序轻微违法"的情形。公安机关超过办案期限属于"程序轻微违法"还是"严重违法"，主要区别在于是否对当事人的权利义务产生了实际影响。如果办案超期不会影响当事人的陈述申辩等权利，则属于"轻微违法"；如果办案超期没有正当理由，且导致当事人的陈述申辩等权利受到损害，则属于"严重违法"。

三、专家建议

电商食品经营者需要具备相应的法定资质。其中，法定资质包括食品经营许可证、工商营业执照、税务登记证等证件。在办理上述证件时，有以下几点注意事项：（1）食品经营许可证的办理，国家执行"先照后证"制，即必须先办理工商营业执照，才可申请许可证；（2）如果是新办工商营业执照的话，在注册时需注意经营范围要包含网络经营。若之前在线下经营，现在想增加线上经营，也要注意经营范围有没有包含线上经营的业务，没有则需要进行增加；（3）经营者在进行生产经营活动之前，应携带工商营业执照到税务局进行税务登记。完成税务登记后，经营者才能根据经营情况正常进行纳税申报，符合要求的经营者还可申请减税、免税、退税等税收优惠政策。需要注意的是，如果本身不具备法定资质，又伪造法定资质从事食品经营，将会受到"无证经营"和"伪造证件"双重处罚。所以在从事电商食品经营前，要先了解清楚经营所需的证件，办理完毕相关证件。如果在办理相关证件时遇到困难，可以寻求律师等法律专业人士的帮助。

四、关联法条

《中华人民共和国食品安全法》第三十五条;《食品经营许可管理办法》第二条、第二十六条、第四十八条;《网络食品安全违法行为查处办法》第四条、第十六条、第十八条、第四十三条;《中华人民共和国行政诉讼法》第七十四条;《最高人民法院关于适用〈中华人民共和国行政诉讼法〉的解释》第九十六条。

生态环境许可审批程序未举行听证属于程序违法

生态环境问题往往关乎人民群众的切身利益，我国在涉及生态环境的很多行业实行审批许可制度。在生态环境的行政案件中，行政机关应当依法作出环境评价，按照法定程序进行许可，充分保障公众参与。当地公民、法人及其他组织等利害关系人可遵循法律途径行使公众参与权，依照法律规定维护自身的合法环境权益。

一、案例简介

（一）基本案情

夏某等 4 人系江苏省东台市东台镇景范新村 ×× 幢的住户，其住宅与 A 沐浴广场（原审第三人）上下相邻。A 沐浴广场为新建洗浴服务项目，在涉案地段承租了营业用房作为经营场地，项目投资 250 万元，其中环保投资 25 万元，先后于 2013 年 2 月 25 日就涉案建设项目报东台市东台镇人民政府审批，于 2013 年 3 月 12 日向东台市环境保护局提交了《建设项目环境影响申报（登记）表》，并委托东台市环境科学研究所编制相关报告表，其后送至该局进行审批。2013 年 4 月 1 日，该环保局作出《关于对东台市东台镇 A 沐浴广场洗浴服务项目环境影响报告表的审批意见》，同意 A 沐浴广场在景范新村 17 号楼及 19 号楼之间新建洗浴服务项目。夏某等 4 人认为市环保局在没有召开座谈会、论证会以及征询公众意见的情况下，即作出《审批意见》，侵犯了其合法权益，故提起行政诉讼，请求法院撤销该《审批意见》。①

（二）法院裁判

1. 一审判决

一审法院认为，被告市环保局具有对本辖区建设项目的环境影响报告表进行审批的职权。虽然我国现行法律法规、规章以及司法解释对何为《中华人民共和国行政许可法》（以下简称《行政许可法》）第四十七条所规定的"重大利益关系"的问题还无具体规定，但涉及民生利益的问题，不应排除在"重大利益关系"之外。一审法院认为新建的洗浴项目投入运营后，不能排除对原告的生活造成重大影响的可能，被告在作出《审批意见》前应当告知4名原告享有听证的权利，其未告知即径行作出《审批意见》违反法定程序，遂判决撤销该《审批意见》。

2. 二审判决

二审法院认为，虽然《中华人民共和国环境影响评价法》对审批部门行政许可的具体程序没有作出规定，但是《行政许可法》对行政许可的设定和实施程序提出明确要求。本案中被诉行政行为属于涉及建设项目环境影响评价的行政许可行为，应当按照行政许可法规定的程序进行审批。夏某等4个家庭作为与本案审批项目直接相邻的利害关系人，应当认定与审批项目存在重大利益关系。环保机关在审查和作出这类事关民生权益的行政许可时，应当告知夏某等人享有陈述、申辩和听证的权利，并听取其意见。原审法院认定市环保局未履行告知听证义务，违反法定程序并无不当，故判决驳回上诉，维持原判。

---

① 详可参见（2014）盐环行终字第0002号行政判决书。

二、以案说法

（一）行政许可法"重大利益关系"的认定

自然资源和环境保护等行政案件与群众的利益往往息息相关，根据我国法律法规的规定，公民在环境管理领域享有知情权、陈述权、申辩权和听证等权利，这是程序正义和司法公正的保障。在涉及环保的行政许可案件中，更应体现公众参与的原则。《行政许可法》第四十七条第一款规定："行政许可直接涉及申请人与他人之间重大利益关系的，行政机关在作出行政许可决定前，应当告知申请人、利害关系人享有要求听证的权利……"虽然我国现行法律法规、规章以及司法解释对何谓"重大利益关系"并无具体规定，但涉及民生利益的问题应当认为属于"重大利益关系"的范畴。从重大利益关系的一般解释来看，对相邻利害关系人的生产、生活造成严重损害、妨碍，且违反法律禁止性规定或超过利害关系人必要的容忍限度的，应当认定为具有重大利益关系。本案中原告夏某等4人分别作为东台市东台镇景范新村××幢的住户，其住宅与第三人A沐浴广场相邻。新建的洗浴项目投入运营后所产生的潮湿及热、噪声污染等，不能排除对4名原告的生活造成重大影响的可能。因此居民的民生利益应当认为是"重大利益关系"。

（二）生态环境许可审批涉民生利益的应当进行听证

听证作为一项法律制度，是现代行政程序法基本制度的核心，是指行政机关在作出影响公民、法人或者其他组织合法权益的决定前，向其告知决定理由和听证权利，公民、法人或者其他组织随之向行政机关表达意见、提供证据、申辩、质证以及行政机关听取意见、接纳其证据的程序。《行政许可法》主要规范行政许可的设定和实施程序,其中第四十七条对行政机关在作出涉及申请人与他人之间重大利益关系的行政许可决定前,应告知申请人、利害关系人享有要求听证的权利作了明确规定。环保机关在审查和作出这类事关重大民生权益的行政许可时,理应告知被上诉人夏某等人享有陈述、申辩和听证的权利,并听取其意见,这是法定正当程序,也是行政机关应当履行的基本义务。

(三)行政机关不履行听证程序将导致许可程序无效

如果行政机关在作出影响行政相对人合法权益的决定之前,应当举行听证而未举行的,属于程序违法。根据《中华人民共和国行政诉讼法》第七十条,行政行为违反法定程序的,人民法院应判决撤销或者部分撤销,也可以判决被告重新作出行政行为。行政相对人可以申请行政复议或者提起行政诉讼,要求行政机关重新作出行政行为。

三、专家建议

自然资源、环境保护等纠纷涉及人民群众的民生利益,行政机关应当依法保护相关利益主体的合法权益,尤其保障陈述、申辩以及举行听证等保障形式公正的程序权利。作为当事人,我们有权出于自己的利益要求作出许可的行政机关保障举行听证等程序权利,同时对作出许可的合法性进行全面审查,不能仅限于申请人提出的事实和材料。对于行政机关违反法定程序作出的许可行为,人民法院应当依法予以撤销。

四、关联法条

《中华人民共和国行政许可法》第四十七条、第七十条;《中华人民共和国环境影响评价法》第二十一条。

七、公民权利与义务

公民用微信发布不当言论、虚假信息需承担法律责任

微信是私人聊天工具，也是信息传播的公共场所。公民享有言论自由，但前提是不损害他人利益、社会公共利益。用微信发表、传播虚假信息、不当言论，扰乱公共秩序的，需要承担相应的法律责任。

一、案例简介

（一）基本案情

2020年1月30日16时许，案外人王某电话举报称，鞠某通过微信发布关于新型冠状病毒的谣言。被告沙河口公安分局下属兴工街派出所于同日受理案件，并于当日18时许对鞠某进行询问。鞠某在询问笔录中称，其是大连市公安局某分局法制大队文职警员，他分别于2020年1月25日、27日、29日、30日在微信朋友圈和自己创建的"大连美女演艺活动蓝涛集中营"聊天群中六次发表未经确认的关于新型冠状病毒的言论，该聊天群中共有412人。2020年1月31日上午，兴工街派出所再次对鞠某进行询问，核实相关事实。当日13时许，沙河口公安分局对鞠某进行处罚前告知，将处罚的事实、理由和依据告知鞠某，并告知其享有陈述和申辩权，鞠某表示不提出陈述和申辩。同日，沙河口公安分局对鞠某作出处罚决定，给予鞠某拘留7日的行政处罚，鞠某

在处罚决定书被处罚人处签名按手印。鞠某不服该处罚决定，向大连市司法局提交行政复议申请书，被告市政府作出复议决定书，认为案涉行政处罚决定认定事实准确，适用法律正确，量罚适当，程序合法，决定维持沙河口公安分局作出的行政处罚决定书，并通过邮寄方式向原告送达。鞠某仍不服，遂向大连市沙河口区人民法院提起诉讼，请求撤销行政处罚。被告沙河口公安分局不同意鞠某的诉讼请求，请求法院予以驳回。[①]

（二）法院裁决

1. 一审判决

辽宁省大连市沙河口区人民法院认为，被告沙河口公安分局具有对违反《中华人民共和国治安管理处罚法》（以下简称《治安管理处罚法》）的违法行为人进行行政处罚的法定职权。本案中，沙河口公安分局提供的询问笔录、鞠某朋友圈及微信群聊天记录等证据已经形成较完整的证据链，沙河口分局据此认定鞠某发布有关新型冠状病毒不当言论，诋毁政府公信力，构成寻衅滋事的行为，证据充分。《治安管理处罚法》第二十六条第四项规定，有其他寻衅滋事行为，处5日以上10日以下拘留，可以并处500元以下罚款。沙河口公安分局依据该规定在量罚范围内，对鞠某作出案涉行政处罚决定，事实清楚，程序合法，适用法律正确，并未显失公正。据此，法院判决驳回鞠某的诉讼请求。

2. 二审判决

辽宁省大连市中级人民法院认为，上诉人鞠某在微信朋友圈以及某微信群中多次发布有关新型冠状病毒的不当言论，诋毁政府公信力，构成寻衅滋事的行为，被上诉人沙河口公安分局对其

---

① 详可参见（2021）辽02行终63号行政判决书。

作出拘留7日的案涉行政处罚决定，证据充分，适用法律正确，程序合法，量罚适当。据此，法院驳回上诉，维持原判决。

二、以案说法

公民在微信聊天中言论自由的边界应如何界定？逾越边界后需承担何种法律责任？行政机关作出行政处罚之后，公民若对行政处罚决定不服，应如何维护自己的合法权益？这是本案的焦点问题。

（一）《治安管理处罚法》第二十五条第一款中"散布谣言"的分类

公民需要正确理解《治安管理处罚法》第二十五条第一款中的"散布谣言"。在司法实践中，三种情况构成"散布谣言"：第一种是散布虚构的消息。根据此标准，如果网络言论发表者发表的言论是虚构而来的，相关言论便属于"没有事实根据的消息"，此种网络言论便是网络谣言。第二种情况是散布未经证实的消息。根据此标准，如果网络言论发表者所发表的言论没有官方来源或媒体报道等可靠的消息来源，便属于"没有事实根据的消息"。第三种情况是散布与事实不符的消息。根据这个标准，如果网络言论发表者发表的言论存在与事实不符的情况，便属于"没有事实根据的消息"。本案中，原告鞠某在微信发布关于新冠病毒的未经证实的消息，便属于上述第二种情况，因而其行为被沙河口公安分局认定为"散布谣言"，需要受到行政处罚。

（二）在微信散布谣言需承担的法律责任

《治安管理处罚法》第二十五条第一款规定，有下列行为之一的，处5日以上10日以下拘留，可以并处500元以下罚款；情节较轻的，处5日以下拘留或者500元以下罚款：（1）散布谣言，谎报险情、疫情、警情或者以其他方法故意扰乱公共秩序的……第二十六条规定，有下列行为之一的，处 5 日以上 10 日以下拘留，可以并处 500 元以下罚款；情节较重的，处 10 日以上 15 日以下拘留，可以并处 1000 元以下罚款：……（4）其他寻衅滋事行为。法律之所以要惩治散布谣言的行为，是因为谣言对社会稳定、国家安全有着极大的危害。而微信虽然指向的是特定人群，但其也具有公共场所的性质，甚至可能会对谣言的扩散起到"扩音器""加速器"的作用，因此谣言散布者需要承担相应的法律责任。本案中鞠某多次在微信群和朋友圈中发布有关新冠病毒的谣言，因而受到行政拘留 7 日的行政处罚。

（三）公民不服行政处罚的救济途径

根据《中华人民共和国行政处罚法》第七条，对行政处罚不服的，有权依法申请行政复议或者提起行政诉讼。若公民对行政机关作出的行政处罚决定不服，可以采取行政复议和行政诉讼两种途径来维护自身权益。行政复议是指当事人针对行政机关作出的处罚决定不服，认为行政执法人员的某些行为侵犯了自己的合法权益，依法向作出行政处罚决定的上一级机关申请，对该项处罚进行合法性、适当性审查的一种行政行为。行政诉讼是当事人认为国家行政机关作出的行政处罚决定侵犯了其合法权益而向法院提起诉讼，请求法院撤销行政处罚决定的行为。需要注意的是，《中华人民共和国行政复议法》第二十九条规定，公民、法人或者其他组织申请行政复议，行政复议机关已经依法受理的，在行政复议期间不得向人民法院提起行政诉讼。公民、法人或者其他组织向人民法院提起行政诉讼，人民法院已经依法受理的，不得申请行政复议。可见行政复议是行政诉讼的前置程序，公民在提起行政诉讼后不得就同一事由再申请行政复议。

三、专家建议

随着互联网的普及，每个人都能成为信息的发布者、传播者，但这也给谣言的散布提供了更加便利的渠道。公民在使用微信、微博、抖音等社交媒体的过程中，要注意不能随意发布或转发虚构的消息、未经证实的消息、与事实不符的消息。在面对真假难辨的网络信息时，一定要克制住自己的猎奇心理，先"让子弹飞一会儿"，等待官方媒体的辟谣和澄清，待尘埃落定之后再对真实可靠的信息进行转发、评论，共同营造绿色安全的网络环境。

四、关联法条

《中华人民共和国治安管理处罚法》第二十五条、第二十六条;《中华人民共和国行政处罚法》第七条;《中华人民共和国行政复议法》第二十九条。

不能因公民提出申辩而加重行政处罚

　　行政处罚是行政机关对违反行政管理秩序但尚不构成犯罪的行政相对人予以制裁的行政行为。一方面，行政处罚本身是给行政相对人带来不利的负担行政行为；另一方面，行政机关存在滥用行政处罚权侵犯行政相对人的合法权益的可能性。因此，法律规定行政机关在实施行政处罚前需要听取相对人的陈述和申辩，在实施行政处罚后需要给予相对人复议和诉讼的救济途径，并且公民不会因上述申辩行为而被加重行政处罚。

一、案例简介

（一）基本案情

　　2004 年 3 月 30 日 23 时许，原告焦某驾驶一辆报废的夏利牌汽车途经交叉路口时，被正在这里执行查车任务的交警王某 1、方某、王某 2 等人查获。交警决定暂扣焦某驾驶的汽车，但焦某拒绝交出汽车钥匙，交通民警遂调来拖车将汽车拖走。汽车被拖走后，焦某向交警索要被滞留的驾驶证，未果，便拨打 110 报警，称交警王某 1 酒后执法。接到报警后，天津市公安局督察处立即赴到现场询问了情况，并带王某 1、焦某一起到天津市公安局刑事科学技术鉴定部门，当场委托该部门化验王某 1 的尿液。经化验鉴定，王某 1 的尿液中不含有酒精成分。据此，天津市公安局督察处确认焦某举报交警王某 1 酒后执法一事不实，并按管辖分工，将不实举报人焦某移交给被告和平公安分局处理。和平公安分局认为，焦某的不实举报阻碍了国家工作人员依法执行职务，属于《中华人民共和国治安管理处罚法》（以下简称《治安管理处罚法》）第五十条第二款规定的阻碍国家机关工作人员依法执行公务的行为。和平公安分局遂根据该条规定，于同年3月31日作出公（和）决字（2004）第056号行政处罚决定书（以下简称056号处罚决定书），决定给予焦某罚款200元的行政处罚。在056号处罚决定书已经发生法律效力后，和平公安分局于7月4日告知焦某，由于天津市公安局公安交通管理局反映处罚过轻，所以要撤销056号处罚决定书，并对案件重新查处、重新裁决。7月13日，和平公安分局作出公（和）决字（2004）第047号行政处罚决定书（以下简称047号处罚决定书），决定给予焦某治安拘留10日的行政处罚。焦某不服该处罚决定并申请复议，天津市公安局以事实不清为由撤销了047号处罚决定书，要求和平公安分局重新作出行政处罚。11月19日，和平公安分局作出870号处罚决定书，决定给予焦某治安拘留15日的行政处罚。焦某再次申请复议，天津市公安局维持了870号处罚决定书，焦某为此提起行政诉讼，请求法院撤销870号处罚决定书。[①]

（二）法院裁决

1. 一审判决

天津市和平区人民法院认为，原告焦某在交警王某1执行公务时不仅不配合，而且无中生有地举报王某1酒后执法。和平公安分局据此认定焦某阻碍交警执行职务，根据《治安管理处罚法》第五十条第二款的规定，给予焦某罚款200元的行政处罚，事实

---

① 详可参见《最高人民法院公报》2006年第10期。

清楚、证据确凿，处罚在法律规定的幅度内，且执法程序合法。天津市公安局公安交通管理局认为和平公安分局对焦某所作的处罚过轻，应当在复议期限内依法定程序解决。非经复议机关复议和人民法院审判，任何机关和个人都不得改变已经发生法律效力的处罚决定。和平公安分局在056号处罚决定书已经生效的情况下，仅因天津市公安局公安交通管理局认为处罚过轻，就随意地变更处罚决定，程序明显违法。另外，焦某对和平公安分局的第二次处罚决定不服申请复议后，不但未能得到应有的行政救济，反而受到更重的行政处罚。和平公安分局的做法明显与《中华人民共和国行政处罚法》（以下简称《行政处罚法》）第四十五条第二款"行政机关不得因当事人陈述、申辩而给予更重的处罚"的规定不符。据此，法院判决撤销被告和平公安分局所作的870号处罚决定书。

2. 二审判决

天津市第一中级人民法院认为，上诉人和平公安分局认定焦某的行为触犯了《治安管理处罚法》第五十条第二款的规定，并根据该条规定作出056号处罚决定书，给予焦某治安罚款200元的处罚，该处罚决定事实清楚、证据确凿，处罚在法律规定的幅度内，且执法程序合法，是合法的行政处罚决定，并已发生法律效力。依法作出的行政处罚决定一旦生效，其法律效力不仅及于行政相对人，也及于行政机关，不能随意被撤销。另外，上诉人和平公安分局作出给予被上诉人焦某治安拘留10日的047号处罚决定书后，焦某以处罚明显过重为由申请复议，这是一种申辩行为。复议机关以事实不清为由撤销了047号处罚决定书后，和平公安分局在没有调查取得任何新证据的情况下，在870号处罚决定书中决定给予焦某治安拘留15日的处罚。该加重行政处罚的行为明显违反《行政处罚法》第四十五条第二款的规定，也背离了《中华人民共和国行政复议法》（以下简称《行政复议法》）的立法本意。据此，天津市第一中级人民法院裁定驳回上诉，维持原判。

二、以案说法

　　本案的争议焦点主要有两个：（1）行政处罚决定书生效后，能否被撤销？（2）行政机关能否在重新作出的处罚决定中加重对当事人的行政处罚？

（一）行政处罚生效后不得被随意撤销

　　行政行为一旦作出，即具有确定力和执行力，其法律效力不仅及于行政相对人，也及于行政机关，不能随意被撤销。已经生效的行政处罚决定如果被随意撤销，也就意味着行政处罚行为本身带有随意性，不利于社会秩序的恢复和稳定。但是对于违法或不当的行政行为以及由于事实和法律变迁而不宜存续的行政行为，行政机关具有自我纠错的权力和职责。《行政处罚法》第七十五条规定，行政机关应当认真审查，发现有错误的，应当主动改正。基于保护行政相对人的合理信赖利益和减少行政争议的考量，行政机关应当采取足够审慎的态度，只有在行政行为的瑕疵足以影响到实质处理结果时，才采用撤销的方式进行纠错。另外，撤销的程序也相当严格：撤销此前作出的行政处罚决定应当由负责人召集集体讨论决策，不能由低于原来决策机构层级的机构来撤销此前作出的行政处罚，以确保撤销的科学和审慎。本案中，和平公安分局在作出 056 号处罚决定后，仅因天津市公安局公安交通管理局反映处罚过轻，就撤销了该行政处罚，存在明显的程序违法，损害了原告焦某的合法权益。

（二）公民不能因申辩而被加重处罚

《行政处罚法》第四十五条规定，当事人有权进行陈述和申辩。行政机关必须充分听取当事人的意见，对当事人提出的事实、理由和证据，应当进行复核；当事人提出的事实、理由或者证据成立的，行政机关应当采纳。行政机关不得因当事人陈述、申辩而给予更重的处罚。《行政复议法》第六十三条也规定，行政复议机关不得作出对申请人更为不利的行政复议决定。可见，行政机关不得因公民的申辩行为而加重行政处罚。虽然《行政处罚法》和《行政复议法》均有关于"不得加重处罚"的规定，但在特殊情况下，行政机关可以重新作出更重的行政处罚：若行政机关经重新调查后，发现确实存在新的违法事实可能导致需要给予更重的行政处罚，则必须依据新的事实和证据作出更重的处罚。本案中，和平公安分局作出给予焦某治安拘留10日的047号处罚决定书后，焦某以处罚明显过重为由申请复议，这是一种申辩行为。复议机关以事实不清为由撤销了047号处罚决定书后，和平公安分局在没有调查取得任何新证据的情况下，在870号处罚决定书中决定给予焦某治安拘留15日的处罚。该加重行政处罚的行为明显违反《行政处罚法》第四十五条第二款以及《行政复议法》第六十三条的规定。

三、专家建议

陈述申辩既是公民维护自身合法权益的有效途径，又是公民监督行政机关依法行政的重要渠道。《行政处罚法》和《行政复议法》中均有关于"不得加重处罚"的规定，因此公民不需要担心陈述申辩会给自己带来更重的行政处罚。在受到行政处罚时，公民要积极行使陈述申辩的权利。如果公民在陈述申辩或行政复议后遭受了更重的行政处罚，那么就要积极地向法院提起行政诉讼，维护自身合法权益。当然，公民在陈述申辩时也要遵守法律法规，不得歪曲事实、捏造谎言，更不能侮辱诽谤、诬告陷害，否则会因阻碍国家工作人员执行公务而受到行政处罚。

四、关联法条

《中华人民共和国行政处罚法》第四十五条、第七十五条；《中华人民共和国行政复议法》第六十三条；《中华人民共和国治安管理处罚法》第五十条。

公民有协助配合民警执法的义务

为了维护社会秩序，行政机关会对行政相对人进行必要的行政检查，而查验身份证则是行政检查的重要内容之一。公安机关的民警具有查验身份证的法定职权，公民有配合民警执法的义务。公民若拒不配合民警执法，则需要承担相应的法律责任。而如果民警的行政检查行为给公民的合法权益造成了损害，公民有权申请国家赔偿。

一、案例简介

（一）基本案情

2017 年 10 月 8 日 22 时许，原告程某持列车车票准备上车。该车次 9 号车厢乘务员要求原告出示车票和身份证进行上车前查验时，原告以其在进站时已实名验票为由拒绝出示身份证。该车次列车长到现场后，再次要求原告出示身份证和车票，但原告仍然拒绝出示，并在未经列车长和乘务员允许的情况下，自行登上该趟列车。被告西安铁路公安局安康公安处的民警陈某某遂赶到 9 号车厢，找到该车厢乘务员和原告了解情况。民警陈某某在出示警察证后，要求原告程某出示身份证和车票，原告以其无权查验为由予以拒绝，并拨打电话对该民警进行投诉。随后，民警汪某某亦赶到 9 号车厢，在了解情况后，再次要求原告出示身份证和车票，原告依然予以拒绝。经过约一个小时的劝解后，民警汪某某和陈某某将原告程某带至9号车厢洗脸间，从其外裤口袋取出身份证和车票当场进行了查验，确认无异后，将身份证及车票返还原告程某，并让其回到自己的铺位。原告程某认为，被告民警将其带到车厢洗脸间，强行检查其车票和身份证的行为，对其人身权利造成了侵害，请求法院依法确认被告强制搜查原告身体及强制检查原告身份证的行为违法。案件审理过程中，原告程某向法院增加诉讼请求，请求被告支付其赔偿金243.3元、精神损害抚慰金5万元，并向其赔礼道歉。①

（二）法院裁决

1. 一审判决

安康铁路运输法院认为，原告程某未遵守列车工作人员的管理，拒不配合查验车票和身份证。被告民警在接到列车工作人员的报警后，依法出警到达现场，经出示警察证后，对原告进行盘问检查的行为，是其履行法定职责的体现。被告安康铁路公安处对原告程某作出的盘问检查行为事实清楚、符合法定程序，原告程某请求确认行政检查行为违法并要求被告赔偿损失和赔礼道歉的理由和请求，依法不予支持。据此，法院判决驳回原告程某的诉讼请求。

2. 二审判决

西安铁路运输中级人民法院认为，公安机关的人民警察具有维护公共安全和秩序的法定职责，若对公民的身份持有合理怀疑，在依法表明身份和调查事由后，民警可以对公民进行盘问和检查，公民对民警实施的盘问检查行为具有配合的义务。如果公民无故拒绝接受盘问，民警有权对其采取进一步的检查行为。本案民警

---

① 详可参见（2018）陕71行终495号行政判决书。

对程某作出的盘问、检查行为，既是其履行法定职责的体现，也是民警在行使公权力的过程中，为确保公共利益和公共安全所实施的必要行为，程某作为公民，理应予以理解并履行配合义务。故上诉人程某关于被上诉人查验身份证无法律依据、被诉行政检查行为程序违法等上诉理由，因缺乏事实根据和法律依据，法院均不予支持。据此，西安铁路运输中级人民法院裁定驳回上诉，维持原判。

二、以案说法

本案争议焦点有三个：（1）民警的盘问检查权是否有法律依据？（2）原告程某是否有义务配合民警执法？（3）原告程某是否有权申请国家赔偿？

（一）民警有权查验有违法犯罪嫌疑的人员的身份证

《中华人民共和国警察法》（以下简称《警察法》）第二条规定，人民警察的任务是维护国家安全、维护社会治安秩序，保护公民的人身安全、人身自由和合法财产，保护公共财产，预防、制止和惩治违法犯罪活动。第九条规定，为维护社会治安秩序，公安机关的人民警察对有违法犯罪嫌疑的人员，经出示相应证件，可以当场盘问、检查。《中华人民共和国居民身份证法》（以下简称《居民身份证法》）第十五条规定，人民警察依法执行职务，经出示执法证件，可以查验居民身份证。可见，民警对公民的身份持有合理怀疑时，在依法表明警察身份和检查事由后，有权对公民进行盘问和检查。本案中，车厢乘务员为了核实登车人员身份、保障乘客乘车安全，要求原告程某在上车前出示车票及身份证，遭到原告拒绝。原告拒绝出示车票及身份证的行为，使民警对其身份产生怀疑，故民警有权依照《居民身份证法》对原告的身份证进行查验。

（二）行政检查时公民有义务协助配合执法

《警察法》第三十四条规定，人民警察依法执行职务，公民和组织应当给予支持和协助。《治安管理处罚法》第五十条规定，阻碍国家机关工作人员依法执行职务的，处警告或者 200 元以下罚款；情节严重的，处 5 日以上 10 日以下拘留，可以并处 500 元以下罚款。阻碍人民警察依法执行职务的，从重处罚。主动配合警察执法是每一位公民应尽的义务，若公民阻碍执法甚至暴力抗拒执法，将要承担相应的法律责任。阻碍执法一般分为以下三种情形：一是言语上侮辱谩骂、诬告陷害；二是肢体上故意阻挠、暴力抗拒；三是通过自杀、自残等方式威胁执法，或者当众起哄造成执法现场混乱。本案中，民警认为原告程某的身份存在嫌疑，对其进行检查和盘问的行为，属于依法执行职务，原告程某应当主动配合民警执法。

（三）因违法的行政检查受到损害，受害人有权申请国家赔偿

《中华人民共和国国家赔偿法》第二条规定，国家机关和国家机关工作人员行使职权，有本法规定的侵犯公民、法人和其他组织合法权益的情形，造成损害的，受害人有依照本法取得国家赔偿的权利。该法第三条规定，行政机关及其工作人员在行使职权时有造成公民身体伤害或者死亡的违法行为的，受害人有取得赔偿的权利。可见，受害人取得国家赔偿的前提条件有两个：一是行政机关及其工作人员实施了违法的行政行为；二是受害人的损害是由违法的行政行为造成的。本案中，民警对存在违法犯罪嫌疑的原告进行身份证查验，属于在职权范围内实施行政检查行为，且该行政检查行为在内容上和程序上均符合《警察法》和《居民身份证法》的相关规定，故民警的行政检查行为合法。因不存在违法的行政行为，不满足申请国家赔偿的前提条件，所以原告无权申请国家赔偿。

三、专家建议

民警具有查验身份证的法定职权，公民具有配合执法的义务，因此公民在接受检查时要主动配合民警执法。当然，若公民对查验身份证的民警的身份存在怀疑，可以要求民警出示警察证，并要求其说明检查事由。在确认民警身份后，公民就要积极配合民警执法，不得故意阻碍甚至暴力抗拒民警执法，否则会因阻碍国家工作人员执行公务而受到行政处罚。若在接受检查的过程中因民警违规执法而受有损失，公民要有意识地保留相关证据，如记下民警的警号、拍摄违规执法的过程、录下违规执法的语音等等，之后再用上述证据通过行政复议和行政诉讼的方式维护自身的合法权益。

四、关联法条

《中华人民共和国行政诉讼法》第六十九条;《中华人民共和国警察法》第二条、第九条、第三十四条;《中华人民共和国居民身份证法》第十五条;《中华人民共和国治安管理处罚法》第五十条;《中华人民共和国国家赔偿法》第二条、第三条。

行政机关不得侵害公民的住宅不受侵犯权

为了保护公民享有的住宅权，行政机关对公民的住宅进行行政检查前，需要查明是否满足法律规定的检查条件。在行政检查时，要遵循法律规定的检查程序，否则该行政检查行为就可能构成违法。

一、案例简介

（一）基本案情

薛某和白某二人系合法夫妻，白某经营一家理发店，取名为"梦兰美发室"。理发店内用于经营的场所为一间房屋，并用玻璃柜隔出部分空间作居住使用，共有前后两道门。2005 年 9 月 6 日 22 时许，泸县公安局接到举报称，"梦兰美发室"店内有卖淫嫖娼嫌疑，泸县公安局当即指令当地派出所出警检查。派出所指派两位民警驱车前往实施检查，两位民警到达现场后，敲理发店后门试图进入，未果，遂强行进入室内，发现一男一女已上床就寝，于是当即表明执法身份。床上二人自称姓名为薛某和白某，并声明二人系合法夫妻。民警要求其出示夫妻证明，薛、白二人拒绝出示并打电话叫来邻居和亲朋，引来众多群众聚集围观。民警在群众证明薛、白二人系合法夫妻后欲离开现场，遭到围观群众阻止，直至派出所领导到场当众向薛、白二人赔礼道歉，并表示负责修补损坏的门锁后，民警才得以离开。次日，泸县公安局在薛、白二人要求查处举报人时制作了询问笔录和检查笔录，并进行了相应的调查取证。薛、白二人以泸县公安局实施的治安检查具体行政行为程序不符合法律规定，严重侵犯其人身权利和财产权利为由，向法院提起行政诉讼，请求确认泸县公安局的行政检查行为违法。①

（二）法院裁决

四川省泸县人民法院认为，原告白某经营的"梦兰美发室"是营业和居住共用的场所，该场所在非营业时间的使用功能为白某的居住场所，此时对该场所进行治安行政检查，不应参照适用《公安机关办理行政案件程序规定》第八十二条第二款（原《公安机关办理行政案件程序规定》第六十一条第二款）。据此，依照《中华人民共和国行政诉讼法》第七十四条第二款第（二）项［原最高人民法院《关于执行〈中华人民共和国行政诉讼法〉若干问题的解释》第五十七条第二款第（二）项］，法院判决被告四川省泸县公安局于 2005 年 9 月 6 日晚对二原告经营和居住的"梦兰美发室"实施的治安行政检查行为违法。

二、以案说法

本案的争议焦点有三个：一是派出所的民警是否具有行政检查权？二是民警进行治安检查是否符合法定程序？三是民警对住宅进行检查是否符合特殊要件？

（一）公民依法享有住宅不受侵犯权

《中华人民共和国宪法》第三十九条规定，中华人民共和国公民的住宅不受侵犯。住宅不受侵犯是公民重要的宪法权利。其中，

---

① 详可参见（2005）泸行初字第 181 号行政判决书。

住宅权包括四个方面的内容：首先，公民的住宅他人不能随意进入。其次，公民的住宅不得被随意搜查，任何行政法规和地方性法规都不得对搜查公民住宅的条件作出规定。再次，公民住宅不得被随意查封。最后，任何人不得通过一定的工具或手段监听或者窥视住宅内部的家庭生活或隐私的情况。

（二）对公民住宅具有行政检查权的主体

《中华人民共和国治安管理处罚法》（以下简称《治安管理处罚法》）第八十七条规定，公安机关对与违反治安管理行为有关的场所、物品、人身可以进行检查。检查时，人民警察不得少于二人，并应当出示工作证件和县级以上人民政府公安机关开具的检查证明文件。从法律规定中可以看出，对住宅行使检查权的执法主体必须是公安机关的人民警察，且执行行政检查的人民警察不得少于二人。不具有人民警察身份的人员，如治安员、联防队员、协勤员等，一律不得替代人民警察行使检查职责。法律如此规定，既能够保护被检查人的合法权益，防止检查人员违法行使甚至滥用检查权，又能够保护人民警察的合法权益和人身安全，防止检查人员受到被检查人的诬告陷害或人身伤害。本案中，派出所的民警具有对理发店进行行政检查的权力。

（三）治安检查的合法性要件

根据《治安管理处罚法》的相关规定，治安检查的合法性要件如下：（1）人数要求：人民警察单独进行检查是不符合法定要求的。即使是在边远、水上、交通不便地区进行检查，仍然需要两名以上的人民警察进行。（2）证件要求：人民警察应当向被检查人出示工作证件和县级以上人民政府公安机关开具的检查证明文件。出示工作证件，是用于证明检查人员的身份，确认执法资格。如果拒绝出示工作证件或者工作证件显示检查人员并非人民警察的，则被检查人有权拒绝接受检查。除工作证件外，人民警察还应当出示检查证明文件。这样规定，可以防止人民警察随意对场所、物品和人身进行检查。（3）检查情况应当制作检查笔录。（4）其他规定：检查妇女身体需要由女性工作人员进行；检查场所时，应当有被检查人或者见证人在场。

由于公民的住宅具有私密性，对住宅的保护也是对人的自由和尊严的保护，因此法律对住宅检查的要求也更为严格。《公安机关办理行政案件程序规定》第八十二条规定，检查公民住所的，必须有证据表明或者有群众报警公民住所内正在发生危害公共安全或者公民人身安全的案（事）件，或者违法存放危险物质，不立即检查可能会对公共安全或者公民人身、财产安全造成重大危害。公安机关对公民住宅进行行政检查时，除了要满足人数要求、证件要求之外，还需要有证据证明或者有群众报警住所内正在发生不立即派警处置可能会造成重大危害结果的情况，否则就属于行政检查程序违法。本案中，派出所民警接到群众报警后前往理发店进行检查，虽然符合对住宅检查的特殊要件，但是由于执法过程中没有出示县级以上人民政府公安机关开具的《检查证》，因而该行政检查行为被法院认定违法。

三、专家建议

首先，宪法规定公民享有住宅权，公民的住宅权不受侵犯。公民在遇到非法搜查或者非法侵入时，要及时报警或向法院提起行政诉讼。其次，对住宅进行行政检查的主体必须是公安机关的人民警察，且有着相应的程序要求，包括人数要求、证件要求、笔录要求等。当身份不明人员要求对住宅进行行政检查时，要及时报警求助，切实维护自己的合法权益。最后，对住宅进行行政检查的重要前提是，必须要有证据表明或者有群众报警公民住所内正在发生危害公共安全或者公民人身安全的案（事）件，或者违法存放危险物质，不立即检查可能会对公共安全或者公民人身、财产安全造成重大危害。否则，公民可以以行政检查程序违法为由向法院提起行政诉讼。

四、关联法条

《公安机关办理行政案件程序规定》第八十二条；《中华人民共和国治安管理处罚法》第八十七条；《中华人民共和国宪法》第三十九条；《中华人民共和国行政诉讼法》第七十四条。

撤销学位应遵循正当程序

行政机关作出对当事人的不利处分前，要按照正当程序听取相对人的意见；听取陈述申辩，应当告知拟处决定，事实调查中的听取意见不完全等同于正当程序中的听取意见；法律适用依据要写明具体条款。

一、案情简介

（一）基本案情

于某系北京大学历史学系 2008 级博士研究生，于 2013 年 7 月取得历史学博士学位。其在攻读博士期间，将撰写完成的论文《1775 年法国大众新闻业的投石党运动》（以下简称《运动》）向《国际新闻界》杂志社投稿，并于 2013 年 7 月正式发表。2014 年 8 月，《国际新闻界》发布《关于于某论文抄袭的公告》，认为于某在《运动》一文中大段翻译原作者的论文，直接采用原作者引用的文献作为注释，其行为已构成严重抄袭。北京大学经过调查后，于 2015 年 1 月作出撤销于某博士学位的《撤销决定》。于某对此决定不服，遂向北京市教委提出申诉，但未被支持。最终，于某向法院提起行政诉讼，请求撤销北京大学的撤销决定并判令恢复其博士学位证书的法律效力。[①]

---

① 详可参见（2017）京 01 行终 277 号行政判决决书。

（二）法院裁决

1. 一审判决

北京大学在撤销于某博士学位的过程中，未遵循正当程序原则，未充分听取于某的陈述和申辩，且未明确法律依据条款，因此违反了法定程序，适用法律不当。法院遂撤销了北京大学的《撤销决定》，并要求北京大学依照相关规定进行后续处理。于某要求恢复博士学位证书法律效力的诉讼请求被法院驳回。

2. 二审判决

一审判决具有事实及法律依据，驳回上诉，维持一审判决。

二、以案说法

本案的争议焦点有三点：（1）北京大学作出《撤销决定》时是否应当适用正当程序原则；（2）北京大学作出《撤销决定》的程序是否符合正当程序原则；（3）北京大学作出《撤销决定》时适用法律是否准确。

（一）高校撤销学位的决定属于行政行为

《中华人民共和国行政诉讼法》规定，公民、法人或其他组织因行政机关的行政行为侵犯其合法权益，如人身权、财产权，可向人民法院提起诉讼。如大学等事业单位也可能基于法律法规、规章的授权而行使行政职能，行使行政职能过程中与相对人发生的争议，属于行政诉讼的受案范围。根据《中华人民共和国学位条例》第八条、第十七条规定，博士学位是由国务院授权的大学或研究机构颁发的，若学位授予单位发现有严重违规（如舞弊）行为，可以撤销颁发的学位。在本案中，一审法院依据《中华人民共和国学位条例》的授权，裁定北京大学撤销某位学生博士学位的行为属于行政行为，并决定审理此案。法院在判决中表明，博士学位是学术成就的最高体现，其授予和撤销直接影响到个人的重大利益，撤销学位将对当事人的权益产生深远影响。

（二）作出学位撤销决定应当适用正当程序原则

正当程序原则要求在作出可能影响他人权益的决定前，必须听取当事人的意见，确保决策的公正性。行政机关必须遵守这一原则，即使在法律没有具体规定时，也应选择适当的方式履行正当程序。正当程序原则保障的是相对人的程序参与权，通过相对人的陈述与申辩，使行政机关能够更加全面把握案件事实、准确适用法律，防止偏听偏信，确保程序与结果的公正。北京大学在作出《撤销决定》前，仅由调查小组约谈过一次于某，约谈的内容也仅涉及《运动》一文是否涉嫌抄袭的问题。至于该问题是否足以导致了于某的学位被撤销，北京大学并没有进行相应的提示，并未充分告知和允许于某进行陈述和申辩，不足以认定其已经履行正当程序。

（三）行政撤销法律适用依据要写明具体条款

作为一个对外发生法律效力的行政行为，其所依据的法律规定必须是明确的，具体法律条款的指向是不存争议的。

本案中，北京大学作出的《撤销决定》虽载明了相关法律规范的名称，但未能明确其所适用的具体条款，而上述法律规范的条款众多，相对人难以确定北京大学援引的具体法律条款，因此本案中作出的《撤销决定》没有明确法律依据。

三、专家建议

撤销学位是一个严肃的行政行为，应遵循正当程序和法律法规。学校应充分履行调查和审议的职责，确保决定的公正性和合理性，同时保障相关当事人的合法权益。建立健全的程序和机制，可以有效维护学术诚信和学位制度的权威性。

四、关联法条

《中华人民共和国学位条例》第八条、第十七条。

未迁户口的"外嫁女"合法权益受法律保护

"外嫁女"是农村根据婚俗惯例形成的习惯性称谓，是指成年女性，因嫁娶原因到其他地方生活，该女性在娘家被称为"外嫁女"。在传统观念中，即使"外嫁女"的户口仍保留在原来的村集体中，她也因成为男方家庭的一分子而丧失原村集体成员的身份。这种传统观念与现代农村集体经济组织制度的冲突导致未迁户口"外嫁女"的合法权益难以得到保护，一方面，"外嫁女"的户口未迁至丈夫家所在地，无法享受现居住地的利益；另一方面，"外嫁女"户口所在村集体又以"业已出嫁"为由拒不分配集体利益，这种情况应该怎么办呢？

一、案例简介

（一）基本案情

郑某 2 与其父母郑某 1、张某同户，均系浙江省温岭市西城街道某村村民。1997 年 8 月，郑某 1 户在个人建设用地补办申请中将郑某 2 列为在册人口。2013 年 3 月，郑某 1 因拆迁复建提交个人建房用地申请时，在册人口中无郑某 2。温岭市人民政府（以下简称温岭市政府）根据《温岭市个人建房用地管理办法》（以下简称《用地管理办法》）以及《温岭市工业城二期用地范围房屋迁建补偿安置办法》（以下简称《安置补偿办法》）的规定，认为郑某 2 虽系郑某 1 之女，其户口登记在郑某 1 名下，但业已出嫁，属于应迁未迁人口，遂于2014年7月确认郑某1户有效人口为2人，并审批同意郑某1的个人建房用地申请。郑某2不服诉至法院，请求判令撤销温岭市政府的审批行为，并重新作出行政行为，附带审查上述两个规范性文件并确认不合法。①

（二）法院裁决

1. 一审判决

浙江省台州市黄岩区人民法院一审认为，温岭市政府作为批准机关，对申报材料的真实性、村集体讨论通过并予以公布的程序合法性等仍负有审查职责。温岭市政府在作出被诉审批行为时，未对村委会上报的温岭市个人建房用地审批表中村委会的公布程序等相关事实进行认真审查，属认定事实不清，证据不足，程序违法，应当予以撤销。《用地管理办法》与《补偿安置办法》系温岭市政府制定的规范性文件。该文件的相关规定，不适用于郑某2。据此，判决撤销温岭市政府2014年7月25日作出的温政个许字〔2014〕585号《温岭市个人建房用地审批表》中同意郑某1户新建房屋的审批行为，责令温岭市政府在判决生效之日起60日内对郑某1户的建房用地重新作出审批。

2. 二审判决

台州市中级人民法院二审认为，《用地管理办法》与《补偿安置办法》相关规定不作为认定被诉审批行为合法的依据，一审法院认为对郑某2不适用的表述有所不当，予以指正。二审判决驳回上诉、维持原判。其后，人民法院向温岭市政府发送司法建议，温岭市政府及时启动了相关规范性文件的修订工作。

---

① 详情参见（2015）浙台行终字第186号行政判决书。

二、以案说法

（一）未迁户口的"外嫁女"在农村集体经济组织中的各项权益受法律保护

户口仍留在原集体的"外嫁女"应当被认定为原集体的成员。根据《中华人民共和国妇女权益保障法》与《中华人民共和国农村土地承包法》的规定，只要妇女的户口在村集体中，不管她是否结婚，结婚后定居在何处，都享受与男性平等的权利。例如宅基地使用权、承包经营权等。未迁户口"外嫁女"可以享有娘家的宅基地的使用、转让、确权以及被征收拆迁后获得补偿的各项权利，也可以作为户主，独立申请宅基地。但如果"外嫁女"在婆家已有宅基地，通常不能再向娘家所在村集体申请。至于土地承包经营权，妇女在承包期内外嫁，在新居住地未取得承包地的，发包方不得收回其原承包地，妇女离婚或者丧偶的，仍在原居住地生活或者不在原居住地生活但在新居住地未取得承包地的，发包方同样不得收回其原承包地。另外，未迁户口"外嫁女"在集体经济组织中的集体收益分配权，决策时的投票权同样受到法律保护。

本案中，郑某2与其父母郑某1、张某同在一户，郑某1在因拆迁复建提交个人建房用地申请时，理应将郑某2列入在册人口却未列入，村集体讨论后公示郑某1户在册人口亦无郑某2，侵害了郑某2在集体经济组织中的合法权益，而温岭市政府未尽审查职责即批准了郑某1户新建房屋，属于行政批准程序违法。

（二）行政诉讼可附带审查规范性文件

《中华人民共和国行政诉讼法》第五十三条的规定，公民、法人或者其他组织认为行政行为所依据的国务院部门和地方人民政府及其部门制定的规范性文件不合法，在对行政行为提起诉讼时，可以一并请求对该规范性文件进行审查。该条所说的规范性文件，是指规章以下的规范性文件，我国法律效力位阶从上至下为，宪法、法律、行政法规、地方性法规（经济特区法规、自治条例和单行条例），最后是规章。因此，可以提起附带审查的规范性文件的范围包括：（1）国务院部门的规定；（2）县级以上地方各级人民政府及其工作部门的规定；（3）乡、镇人民政府的规定。

另外，如果公民认为规范性文件不合法，不能直接提起行政诉讼要求人民法院审查规范性文件的合法性，只能在起诉具体行政行为时提出附带审查涉及的规范性文件。

本案中，温岭市政府制定的《安置补偿办法》以郑某2已出嫁为由，排除了郑某2在集体经济组织中的合法权益，违反《妇女权益保障法》的规定，与上位法相抵触，故郑某2向浙江省台州市黄岩区人民法院提起行政诉讼时可附带审查温岭市政府制定的《安置补偿办法》。

三、专家建议

《中华人民共和国民法典》规定，男女结婚后可以自主选择从夫居成为夫家的成员，或者从妻居成为妻家的成员。但在农村普遍是"从夫居"，如果妇女结婚后与丈夫定居在另一村集体但未将户口迁出，亦享有与原集体男子同等的权益，可以参与分配拆迁安置房与征地补偿款，当外嫁女权益遭受侵害时，要及时拿起法律武器来维护自身合法权益，即使当地政府出台规范性文件不将未迁户口外嫁女算入娘家集体经济组织成员中，也可以提起行政诉讼并附带审查该规范性文件的效力。

四、关联法条

《中华人民共和国妇女权益保障法》第五十五条、第五十六条;《中华人民共和国农村土地承包法》第六条、第三十一条;《中华人民共和国行政诉讼法》第五十三条;《最高人民法院关于适用〈中华人民共和国行政诉讼法〉的解释》第六十八条。

交警长期扣车不处理属于滥用职权

生活中，被交警部门采取扣车处理的事例，有的是交通事故之后交警为了收集证据而暂扣车辆，也有对于违反有关法律法规的机动车辆进行扣押处理。在实践中，可能会碰上机动车被长期扣押而未予处理的情况，然而这种行为很可能是不合法的，甚至可能被法院认定为行政机关滥用职权。

一、案例简介

（一）基本案情

2001 年 7 月，刘某购买了一辆运输卡车，通过正常手续登记上牌。2006 年 12 月 12 日，刘某雇用的司机任某驾驶该车辆行驶至太原市时，晋源交警一大队的执勤民警以该车未经年审为由将该车扣留并于当日存入存车场。2006 年 12 月 14 日，刘某携带该车的行驶证去处理该起违法行为。晋源交警一大队执勤民警认为该车的发动机号码和车架号码不清晰，遂以该车涉嫌套牌及发动机号码和车架号码无法查对为由对该车继续扣留，并口头告知刘某提供其他合法有效手续。刘某虽多次托人交涉并提供相关材料，但晋源交警一大队一直以其不能提供车辆合法来历证明为由扣留该车。刘某不服，诉至法院。①

---

① 详可参见（2016）最高法行再 5 号行政判决书。

（二）法院裁判

1. 一审判决

一审法院认为晋源交警一大队口头通知刘某提供其他合法有效手续后，刘某一直没有提供相应的合法手续，故晋源交警一大队扣留涉案车辆于法有据。同时，由于扣留涉案车辆的行为属于事实行为，故晋源交警一大队在行政执法过程中的程序瑕疵不能成为撤销扣留行为的法定事由。最后，刘某一直未提供该车的其他合法有效手续，故其要求撤销扣留行为，返还涉案车辆的诉讼请求不能成立。据此，一审法院驳回刘某的诉讼请求。

2. 二审判决

二审法院认为，刘某未经批准擅自更换发动机、改变发动机号码的行为为我国相应法律法规所禁止，而刘某一直没有提供相应的合法手续，晋源交警一大队扣留该车于法有据。但晋源交警一大队一直没有调查，也未及时作出处理，行为不当。故二审法院裁判撤销一审判决，驳回刘某其他诉讼请求。

3. 再审判决

最高院认为，本案涉案车辆是经过年审并正常行驶的车辆，而晋源交警一大队未充分证明案涉车辆需要强制报废等作为扣留涉案车辆的理由，且其在再审期间又改变扣留理由，有违依法行政的基本要求。因此，最高院认为晋源交警一大队在决定扣留涉案车辆时未遵循法定程序，认定涉案车辆涉嫌套牌而持续扣留主要证据不足，既不调查核实又长期扣留涉案车辆构成滥用职权。故判决确认扣留行为违法并判令返还违法扣留的车辆。

二、以案说法

（一）交警扣车属于行政强制行为

行政强制行为，是指行政机关或者法律法规授权的组织依照法定权限和程序，对违反行政法律法规的行为人采取的强制措施。依照《中华人民共和国道路交通安全法（2021年修订）》第八十八条、第八十九条以及公安部《道路交通安全违法行为处理程序规定（2020）》的规定，交警在发现交通违法行为时有权对违法行为的车辆进行扣留处理。交警扣车是为了收集证据、查明案情，进而对交通事故发生的事实及原因责任进行认定，交警扣车属于行政强制行为。本案中，晋源交警一大队在行政执法中发现车辆涉嫌套牌的，有依法扣留的职权。

（二）行政机关实施行政强制行为须遵循合理性原则

1. 实施行政强制所应遵循的原则

行政机关在实施行政强制行为时，必须遵循合法性、合理性原则，即行政强制必须依法进行，同时行政强制措施应当适当、必要，与违法行为的性质、情节以及需要采取的措施相适应，避免过度或不当使用行政强制手段。行政强制措施的实施应当兼顾行政目标的实现和保护相对人的合法权益，采取的强制措施应当与追求的目的之间保持合理的比例。本案中，刘某提交合法年审手续后，晋源交警一大队应当基于合理性原则对是否继续扣留车辆进行考察。但是晋源交警一大队在刘某先后提供相关证据材料后，仍然认定涉案车辆涉嫌套牌而持续扣留，违反了行政强制的基本原则，不符合行政法的基本精神和要求。

2. 行政强制行为的程度超出必要范围构成滥用职权

行政机关或者其工作人员在行使行政权力时，若违反法律法规和行政目的，不正当地行使职权，损害公民、法人和其他组织的合法权益，则可能构成滥用职权。除了超越法定职权和法定程序进行行政管理行为的典型滥用职权行为之外，还包括明显超出合理范围，不符合常理或者公认的公平正义标准的行政行为。本案中，晋源交警一大队既不返还机动车，又不及时主动调查核实车辆相关来历证明，也不要求刘某提供相应担保并解除扣留措施，以便车辆能够返回维修站整改或者返回原登记的车辆管理所在相应部位重新打刻号码并履行相应手续，而是反复要求刘某提供客观上已无法提供的其他合法来历证明，滥用了法律法规赋予的职权。因此，晋源交警一大队扣留涉案车辆后，既不积极调查核实车辆相关来历证明，又长期扣留涉案车辆不予处理，构成滥用职权。

（三）行政机关滥用职权的救济

行政强制是直接侵犯相对人合法权益的行政行为，对相对人权利义务会产生实际影响。行政机关滥用职权的后果通常是该行政行为被撤销或者确认无效，并且可能需要对因此造成的损失承担赔偿责任。公民、法人或者其他组织认为行政机关的行政行为侵犯了自己的合法权益，可以依法申请行政复议或者提起行政诉讼来维护自己的权益。根据《中华人民共和国行政诉讼法》第二条第一款规定，公民、法人或者其他组织认为行政机关和行政机关工作人员的行政行为侵犯其合法权益，有权依照本法向人民法院提起诉讼。第十二条第一款第十二项规定，公民、法人或者其他组织认为行政机关侵犯其他人身权、财产权等合法权益的提起行政诉讼的，人民法院应予受理。行政强制属于行政诉讼的受案范围。人民法院对行政行为合法性进行审查，应当依据行政机关作出行政行为时所收集的证据、认定的事实、适用的法律和主张的理由来综合判断。

三、专家建议

在机动车被交警机关或其他行政机关作出扣押行为后，应当检查交警是否开具行政强制措施凭证，尤其注意交警扣押机动车的期限，要求交警及其相关的行政机关在期限内依法作出处理决定，根据《中华人民共和国行政强制法》的规定，查封，扣押的期限不得超过 30 日，延长期限不得超过 30 日，因此扣押时长最多为 60 日。同时，超期扣押车辆造成损失的，可以申请国家赔偿。

四、关联法条

《中华人民共和国行政强制法》第二十五条;《中华人民共和国行道路交通安全法（2021 年修订）》第八十八条、第八十九条;《道路交通安全违法行为处理程序规定（2020）》第二十七条、第二十八条、第三十条。

八、其他类型

行政协议兼具"行政性"与"合同性"

协议一般是指双方或多方当事人为了实现一定的目的，经过协商达成一致，明确各方权利和义务的契约。行政机关为了实现行政管理目标，会与公民、法人或其他组织协商一致达成"行政协议"，行政协议作为一种特殊的合同，既有其在行政管理上特殊性，如公共利益优先、行政优益权的行使等，但也要遵守一般合同法上"公平""诚信"等原则。

一、案例简介

（一）基本案情

山东省济南市历城区人民政府（以下简称历城区政府）成立雪山片区指挥部，负责雪山片区四村整合安置房项目。2015年10月，雪山片区指挥部与赵某某订立了拆迁安置补偿协议，载明赵某某家庭共有两口人，合计选房面积为94平方米。协议订立后，赵某某将其涉案房屋交付拆除。2017年7月，雪山片区指挥部通知赵某某更改协议。历城区政府认为，赵某某在订立协议时隐瞒了在济钢周边片区村庄整合中已经享受过拆迁安置房的事实，该安置房具有福利分房的性质，依据《雪山片区拆迁安置办法》第九条关于"被拆迁人已享受过福利分房不再给予安置"的规定，本次安置属于重复安置，决定对赵某某家庭不再依约进行房屋安置。赵某某则主张，其从未享受过福利分房待遇，在其他区域的拆迁安置房并非福利分房的范畴。赵某某对历城区政府不履行拆迁安置补偿协议的行为不服，提起行政诉讼，请求确认拆迁安置补偿协议有效，并判令历城区政府继续履行拆迁安置补偿协议，向其交付 94 平方米的安置房。①

（二）法院裁判

1. 一审判决

一审法院认为，历城区政府并未提供证据证明雪山片区指挥部与赵某某订立的拆迁安置补偿协议具有合法依据，故双方订立协议的行为应当确认无效。一审法院遂判决确认历城区政府与赵某某订立拆迁安置补偿协议的行为无效并驳回赵某某的诉讼请求。赵某某不服，提起上诉。

2. 二审判决

二审法院认为，历城区政府在订立拆迁安置补偿协议时已对赵某某家庭的基本情况和安置资格进行了审查，在签完协议并将涉案房屋拆除后，又以赵某某存在欺骗行为、不符合当地拆迁政策为由要求变更协议。同时其对赵某某在其他区域的拆迁安置房是否可以归为福利分房，既未提供充分的证据或依据，亦未作出合理合法的解释说明。因此二审法院遂判决撤销一审判决并责令历城区政府继续履行拆迁安置补偿协议。

二、以案说法

（一）不能以行政机关未提供证据证明行政协议合法性而否定行政协议的效力

根据《最高人民法院关于适用〈中华人民共和国行政诉讼

---

① 详可参见（2018）鲁行终 1145 号行政判决书。

法〉若干问题的解释》，行政协议是行政机关为实现公共利益或者行政管理目标，在法定职责范围内，与公民、法人或者其他组织协商订立的具有行政法上权利义务内容的协议。行政协议兼具行政性与协议性的双重属性，而现行司法解释定义行政协议不甚清晰。按照主流观点，对行政协议进行解释时应保护"契约自由、意思自治"的私法原则。也就是说，行政机关在订立、履行、变更行政协议时，既要遵循行政法律规范，又要遵循平等自愿、诚实信用、依约履责等一般原则。人民法院不能简单参照传统行政诉讼的举证规则，以行政机关未提供证据证明行政协议合法性为由否定行政协议的效力。本案中，即使历城区政府并未提供证据证明雪山片区指挥部与赵某某订立的拆迁安置补偿协议具有合法性，但并不能因此否定行政协议的效力，本案的行政协议依法成立生效。

（二）行政机关对行政协议的解释和履行承担举证责任

根据《最高人民法院关于审理行政协议案件若干问题的规定》第十条第三款的规定，"对行政协议是否履行发生争议的，由负有履行义务的当事人承担举证责任"。对行政协议是否应当履行发生争议的，负有履行义务的行政机关应当对其不履行义务承担举证责任。行政机关对不履行行政协议的事由，在协议订立时没有作出明确界定或约定，在协议订立后又不能作出合法有据的解释，不能证明履行协议可能出现严重损害国家利益或者社会公共利益的，人民法院应当结合案件情况和客观实际等因素作出对协议相对人有利的解释。本案中，历城区政府以赵某某在其他区域的存在拆迁安置房，主张赵某某已经享受福利分房待遇而不再给予安置，但这一情况并没有足够的证据支撑，且历城区政府就相关条款的解释也未获证据支持，因此法院根据实际情况认定历城区政府应当继续履行案涉行政协议。

三、专家建议

从普通人的角度出发，我们可能只是隐约地知道行政协议和一般的民事合同不同，但面对政府违约时，却不知对方的做法是否合法，以及对违约行为如何救济。其实，《中华人民共和国行政诉讼法》《最高人民法院关于审理行政协议案件若干问题的规定》对于行政协议的争议解决作出规定：关于行政机关签订的行政协议，它兼具行政性与协议性的双重属性，行政机关在订立、履行、变更行政协议时，需遵循平等自愿、诚实信用、依约履责等一般原则，负有履行义务的行政机关不履行义务的，应当对其不履行义务承担举证责任。因此，行政机关对于已经签订的行政协议主张不履行时，应当作出充分且合理的说明，而不能仅凭行政职权就可以确定不履行协议。但是，行政机关未给出证据证明协议合法性的，不影响行政协议的效力。在行政机关"出尔反尔"时，当事人应及时按照《中华人民共和国行政诉讼法》的规定提起行政诉讼，维护自己的合法权益。

四、关联法条

《最高人民法院关于审理行政协议案件若干问题的规定》第二条、第十条、第十一条。

与街道办签订的"税收优惠协议"
是行政协议吗？

民事合同是我们日常生活中常见的法律文件，是当事人双方或多方之间建立信任、明确权益和义务的具有约束力的文档，能够保障当事人的权益，预防纠纷，确保交易的公平。合同关系一般发生在私人之间，比如，人们在超市购买了零食即和超市之间成立了买卖合同关系，人们刷公交卡搭乘公共汽车即和公交公司达成了运输合同关系。那么，人们和街道办等公职机构签订的"协议"属不属于这种合同呢？

一、案例简介

（一）基本案情

2009年9月，南京市浦口区桥林街道办事处与A公司签订了一份《协议书》。该协议约定：（1）南京市浦口区桥林街道办事处提供A公司实际经营地点，为A公司配备相关办公设施。（2）A公司企业注册地点必须在上述地点，并按规定每月及时向有关部门报送报表及时申报税收。（3）A公司在保证达到纳税标准的前提下，保证A公司享受增值税、营业税、所得税减免等税收优惠政策，《协议书》载明：为了进一步加快经济发展，根据相关文件精神，经过友好协商，订立如下协议："双方依约履行至2013年6月，之后南京市浦口区桥林街道办事处不再对A公司提供减免。"A 公司不服，以民事案由诉至法院。[①]

（二）法院裁判

1. 一审判决

一审法院认为，民事诉讼是由人民法院代表国家意志行使司法审判权，通过司法手段解决平等民事主体之间的纠纷。本案所涉协议书中有关税收优惠政策中的奖励约定，实质为对特定对象 A 公司作出的税收先征后返的承诺，属于行政允诺行为，当属具体行政行为，不属于民事诉讼受案范围，故裁定驳回原告 A 公司的起诉。

2. 二审判决

二审法院认为，南京市浦口区桥林街道办事处与 A 公司签订的《协议书》应为行政协议，而非民事合同，亦非单纯的行政允诺行为。案涉协议的主体、约定的内容、约定的依据等方面符合行政协议的性质，不属于人民法院民事案件审理范围。故二审法院认为一审裁定认定虽有瑕疵，但裁定结果正确，予以维持。

二、以案说法

行政协议是现代化国家基于民主法治观念孕育而生的产物，是政府行政机关与普通群众之间从"权力服从"到"平等合作"关系转变的重要体现。但由于行政协议和民事协议都采取"协议"或者"合同"的字眼，易将其混为一谈。事实上，两者在法律上存在着本质区别。

（一）行政协议的范围

根据我国的法律规定，行政协议是政府行政机关为了实现行

[①] 详可参见（2019）苏 01 民终 9905 号行政判决书。

政管理或社会公共服务目标，与公民、法人或者其他组织协商签订的具有行政上权利和义务的协议。常见的行政协议主要包括：（1）政府特许经营协议；（2）土地、房屋等征收征用补偿协议；（3）矿业权等国有自然资源使用权出让协议；（4）政府投资的保障性住房的租赁、买卖等协议；（5）符合"行政机关为了实现行政管理或者公共服务目标，与公民、法人或者其他组织协商订立的具有行政法上权利义务内容的协议"的政府与社会资本合作协议，以及其他与前述协议具有同质性的行政协议。因此，地方政府及其职能部门为实现公共管理职能或者公共服务目标与投资主体达成的给予一系列优惠政策的招商引资协议也属行政协议。

（二）行政协议与民事协议的异同

行政协议相比于民事协议，其特征在于：（1）主体是行政主体。行政协议当事人一方是行政主体且行政主体处于主导地位并享有一定的行政特权，行政机关凭借国家赋予的优越地位，通过协议的方式行使行政管理权。（2）行政协议的内容是为了公共利益而执行公务，具有公益性。如果协议内容只涉及私法上的权利与义务，则应视为民事协议。（3）行政协议以双方意思表示一致为前提。行政协议属于双方行政行为，须以双方意思表示一致为前提。但双方意思表示一致并不等于双方追求的目的相同，行政主体签订行政协议的目的是执行公务，行政管理相对方则是为了营利。（4）在行政协议的履行、变更或解除中，行政主体享有行政优益权。行政协议当事人并不具有完全平等的法律地位，行政机关可以根据国家行政管理的需要，单方面依法变更或解除协议，而作为另一方当事人的公民、法人或其他组织则不享有此种权利。

本案行政协议的特征体现在以下三点。第一，主体是行政机关。南京市浦口区桥林街道办事处系行政机关，符合行政协议的主体资格，其在案涉协议的订立过程中享有行政优益权，处于优先要约的地位。第二，协议的订立是为了实现某种行政管理目标。依据案涉协议约定，在 A 公司达到提出的纳税标准后，按照约定标准给予 A 公司企业发展扶持基金，属于履行政府职责、落实政府优惠政策的行为，其目的在于吸引投资、发展当地经济，该行为本身具有显著的公益性，并不是为了自身的利益。第三，协议的内容具有政策性。案涉协议所涉优惠方案非经双方完全自由协商确定，而是在当时政策允许的种类和幅度范围内经协商后确定，与民事协议所具有的当事人意思自治有所区别。且在案涉协议中既不享有任何民事权利，亦不承担任何民事义务，亦与民事协议所体现的权利义务对等的特征迥异。因此案涉协议并非民事协议，而是行政协议。

（三）因行政协议发生纠纷的救济途径

当事人如对行政机关变更或解除行政协议等具体行政行为持有异议，或者认为行政机关未依法履行、未按约定履行行政协议，均有权向法院提起诉讼。根据《最高人民法院关于审理行政协议案件若干问题的规定》，2015 年 5 月 1 日后的行政协议争议应当适用行政诉讼法及该规定进行解决，即通过行政诉讼的途径进行解决。但是，由于行政法上关于行政协议的规定并不完全，该规定也明确了对于行政协议可以准用民事法律规范。

三、专家建议

我们在与公职机构订立税收减免等"招商引资"的合同时，应当注意区分是否属于行政协议。在审查时，需要注意关注合同内容是否含有"公务"内容，如"税收减免"等涉及公权力的内容。同时，应关注该合同是否是依据上级政府部门的规章规定制作，若存在上级的规定或者政策，则属于履行政府职责、落实政府优惠政策，属于典型的行政协议。如果与公职机构签订的协议是行政协议，则不能以民事案由向人民法院起诉，而要以行政案由起诉。

四、关联法条

《中华人民共和国行政诉讼法》第十二条;《最高人民法院关于审理行政协议案件若干问题的规定》第一条、第二条。

政府不得随意解释已作出的行政允诺

地方政府为了吸引外来投资，有时会对外发布招商引资奖励政策，承诺对于成功引入投资的企业或个人给予一定的经济奖励或者税收优惠。在法律上说，这是一种行政允诺行为，是行政主体为了鼓励或引导公众参与某些符合行政管理目的的行为，而向公众作出的给予奖励的承诺。那么，政府在作出这个"承诺"之后，通过对条文进行解释，使其不符合条件进而拒绝给付奖励，该怎么办？

一、案例简介

（一）基本案情

2001 年 6 月，江苏省徐州市丰县县委、县政府制定了丰委发〔2001〕23 号《关于印发丰县招商引资优惠政策的通知》（以下简称《通知》），其中引资奖励部分规定了对外资引进者（引资人）、新增固定资产投入者等主体根据引进项目的类型和对经济的贡献大小，提供不同比例的纳税额奖励。2003 年 3 月，经崔某及其妻子的介绍引进，丰县人民政府与 A 公司签订《特许经营权协议书》，双方就丰县污水处理厂厂区工程的投资建设、特许经营事宜进行了约定，后 A 公司陆续投资建设了丰县污水处理厂的一期、二期和三期工程。2015 年，因丰县人民政府未按照《通知》的精神履行引进丰县污水处理厂的招商引资奖励，崔某诉至法院。[1]

（二）法院裁判

1. 一审判决

一审法院认为，根据有权解释主体丰县发改委对该文件进行的《招商引资条款解释》，A公司不属于《通知》所规定的"外资"，亦不属于"本县新增固定资产投入300万元人民币以上者"中的"本县企业"（指丰县原有企业增加固定资产投入、扩大产能），因此判决驳回崔某的诉讼请求。

2. 二审判决

二审法院认为，案涉《通知》构成行政允诺。虽然丰县发改委在一审期间有权作出《招商引资条款解释》，但行政主体不能滥用优益权，违反诚实信用原则，推卸应负义务，故对《招商引资条款解释》不予采信。因此，丰县政府应依照《通知》依法履行对崔某的奖励义务。

二、以案说法

本案中最大的争议焦点在于，崔某是否有权依照《通知》中的有关规定获得奖励。在这一争议焦点之下又包含了两个问题：一是《通知》中有关引资的规定是否属于行政允诺；二是如何正确理解《通知》中的有关规定，丰县发改委的《招商引资条款解释》是否能作为《通知》的正当解释。

（一）行政允诺的判断标准

行政允诺是指行政主体为实现特定的行政管理目的，向行政相对人公开作出的，当行政相对人实施了某一特定行为后，由自

---

[1] 详可参见（2016）苏行终90号行政判决书。

己或由自己所属的职能部门给予该相对人物质利益或其他利益的单方意思表示行为。具体来说，行政允诺是一种"条件式"的结构：政府设定条件，若有人满足对应的条件，则政府应当履行承诺的义务，这使得行政允诺区别于行政决定、事实行为和行政协议等行政行为。在行政允诺中，当事人作为"响应人"实施了行政允诺中"条件"行为，并满足了结果、标准等要求，就可以认定当事人和承诺主体之间成立了具有约束力的法律关系。本案中，《通知》系被丰县政府为充分调动社会各界参与招商引资积极性，以实现政府职能和公共利益为目的向不特定相对人发出的承诺，属于行政允诺。因此，只要相对人崔某作出相应的承诺并付诸行动，即对双方产生约束力。

（二）行政机关不得违反诚信原则，随意解释允诺内容

法治政府应当是诚信政府，行政允诺必须遵守诚实信用原则。诚实信用原则不仅是民事法中的"帝王"条款，也是行政允诺各方当事人应当共同遵守的基本行为准则。行政允诺一经作出，行政相对人即有了一种利益期待。政府应根据诚信原则，依法信守允诺，履行允诺义务。在行政允诺的订立和履行过程中，行政主体不能滥用优益权。在对行政允诺关键内容的解释时，若无其他证据佐证的情况下，不能任意行使解释权，应当在诚信和合法的基础上作出合理的解释。本案中，丰县政府在《通知》对"本县新增固定资产投入"作出特别规定，应当在文件颁布时即予以明示，而不能在事后违反诚信原则进行肆意解释。丰县政府所属工作部门在对《通知》中的承诺条件进行限缩性解释，有推卸应负义务之嫌，违反了诚实信用原则。违反诚实信用原则对允诺条件的解释，无法得到法院的采信。

（三）因行政允诺产生纠纷的救济途径

当事人对行政机关不履行行政允诺中的义务不服的，可以向人民法院提起行政诉讼。行政允诺法律关系一旦确认成立，行政机关则形成的一种给付法定职责。根据《中华人民共和国行政诉讼法》的规定，公民、法人或者其他组织因申请行政机关履行保护人身权、财产权等合法权益的法定职责，行政机关拒绝履行或者不予答复而提起诉讼的，人民法院应予受理。同时，《行政诉讼法》第七十二条规定，人民法院经过审理，查明被告不履行法定职责的，判决被告在一定期限内履行。

三、专家建议

政府拥有强大的公信力，但是对招商引资、环境保护、研发创新等方面进行鼓励性的行政允诺上，有关部门的"信用"未必百分百保险。在参与政府行政允诺和奖励的相关项目时，要注意阅读和审查条文内容，明确自己是否符合相关条件，必要时应当请求有关有权解释机关对模糊的条文进行解释。若是在已经完成了允诺的项目后政府不履行相应承诺，也不要自认倒霉，应对政府给出的理由进行审查，若显然有失公平或缺乏诚信，应当就此提起行政诉讼，维护自己的合法权益。

四、关联法条

《中华人民共和国行政诉讼法》第三十四条、第七十二条。

未依法尽到审查义务，行政机关亦可能承担责任

由于第三人提供虚假材料，导致行政机关作出的行政行为违法，造成公民、法人或者其他组织损害的，行政机关应根据违法行政行为在损害发生和结果中的作用大小承担相应的行政赔偿责任。

一、案情简介

（一）基本案情

李某与袁某婚后与村民于某等人签订《土地承包合同》并办理公证，承包于某等人山地共 82 亩并种植了杉树。之后，李某与袁某协议离婚，前述全部杉树归李某所有，李某一次性支付袁某补偿款 12 万元（已付 3 万元）。2010 年 2 月，李某与袁某变更协议 9 万元的支付方式，即 9 万元待李某出售杉树后一次付清。因李某尚有 9 万元未支付给袁某，2010 年 6 月，袁某将其夫妻关系存续期间承包的杉树出售给范某和黄某。2010 年 7 月，范某以他人名义提交砍伐申请，县林业局在申请人本人未到场，又无申请人本人身份证明及授权委托且林木所有权或使用权证明材料不齐全的情况下，向范某发放了《林木采伐许可证》。2011 年 11 月，李某以颁发《林木采伐许可证》的行政行为违法为由，向县人民政府提交《国家赔偿违法确认申请书》，请求撤销《林木采伐许可

证》，并要求县林业局赔偿损失共计 120 万元。县人民政府作出复议决定：（1）撤销《林木采伐许可证》。（2）范某未经李某等人的授权，私自进行砍伐，属于个人行为，不属于国家赔偿范畴。李某诉至法院，请求判令县林业局赔偿其经济损失 120 万元；县人民政府与县林业局承担连带赔偿责任。①

（二）法院裁决

1. 一审判决

县林业局在颁证审查中存在瑕疵，但未违反法定程序，不属于行政违法；而导致该采伐许可证被撤销的根本原因系范某、黄某的欺骗行为，而非某县林业局违法审查所致。故判决驳回李某的诉讼请求。

2. 二审判决

一审判决认定事实清楚，适用法律正确，处理结果得当，本院予以维持。驳回上诉，维持原判。

3. 再审判决

县林业局在颁发涉诉《林木采伐许可证》时未依照法定程序尽到审慎合理的审查义务，颁证行为违法。县林业局的违法颁证行为与范某提供虚假材料申办《林木采伐许可证》及其私自砍伐林木的民事侵权行为共同致使李某财产损失，县林业局应根据其违法行为在损害过程和结果中所起作用承担相应的赔偿责任。

二、以案说法

根据本案的实际情况，我们可以了解提供虚假材料获得行政许可的法律风险、行政机关豁免行政赔偿责任的情形以及行政赔

① 详可参见（2019）云行再 4 号行政判决书。

偿主体的确定。

（一）提供虚假材料获得行政许可的法律风险

公民提供虚假材料获得行政许可的，需承担包括行政责任、刑事责任、民事责任在内的多重法律责任。根据《中华人民共和国许可法》第七十八条规定：行政许可申请人隐瞒有关情况或者提供虚假材料申请行政许可的，行政机关不予受理或者不予行政许可，并给予警告；行政许可申请属于直接关系公共安全、人身健康、生命财产安全事项的，申请人在 1 年内不得再次申请该行政许可；根据《中华人民共和国许可法》第八十条第（三）项规定：被许可人有下列行为之一的，行政机关应当依法给予行政处罚；构成犯罪的，依法追究刑事责任：向负责监督检查的行政机关隐瞒有关情况、提供虚假材料或者拒绝提供反映其活动情况的真实材料的。

（二）行政机关豁免行政赔偿责任的法定条件

根据《最高人民法院关于审理行政赔偿案件若干问题的规定》第二十三条规定：由于第三人提供虚假材料，导致行政机关作出的行政行为违法，造成公民、法人或者其他组织损害的，人民法院应当根据违法行政行为在损害发生和结果中的作用大小，确定行政机关承担相应的行政赔偿责任；行政机关已经尽到审慎审查义务的，不承担行政赔偿责任。因此，行政机关的审慎审查义务是承担责任的例外条件。在本案中，某县林业局在颁发涉诉林木采伐许可证时核实程序不符合行政许可法的规定，未依照法定程序尽到审慎合理的审查义务，因此属于应承担行政赔偿责任的情况。

（三）行政赔偿责任承担主体的确定

根据《中华人民共和国国家赔偿法》第七条规定，行政机关及其工作人员行使行政职权侵犯公民、法人和其他组织的合法权益造成损害的,该行政机关为赔偿义务机关。两个以上行政机关共同行使行政职权时侵犯公民、法人和其他组织的合法权益造成损害的,共同行使行政职权的行政机关为共同赔偿义务机关。该法第八条规定,经复议机关复议的,最初造成侵权行为的行政机关为赔偿义务机关,但复议机关的复议决定加重损害的,复议机关对加重的部分履行赔偿义务。在本案中,县林业局在办理涉诉林木采伐许可中未履行合理审慎审查职责,造成李某杉树被砍伐的损失,县林业局应当为赔偿义务机关。县政府虽然对颁证行为作出行政复议决定书,但是该复议决定并不存在加重损害的情况,故县政府不应当作为赔偿义务机关。

三、专家建议

当个人利益因第三人提供虚假材料,导致行政机关作出的行政行为违法而受损时,除了可以要求提供虚假材料的第三人承担责任,也可以向作出行政行为的行政机关追责。当审查确定行政机关没有尽到审慎审查义务时,可要求行政机关承担相应的行政赔偿责任。

四、关联法条

《最高人民法院关于审理行政赔偿案件若干问题的规定》第二十三条;《中华人民共和国许可法》第七十八条、第八十条;《中华人民共和国国家赔偿法》第七条、第八条。

行政机关要在接到申请后 2 个月内履行行政奖励

　　行政奖励是行政机关对行政相对人给予物质或精神上奖励的具体行政行为，一般而言，行政机关会先作出奖励允诺或签订奖励协议，待行政相对人符合奖励条件后，行政机关就有义务依允诺或奖励协议履行行政奖励，公民有权申请行政机关履行行政奖励。若行政机关在接到申请后 2 个月内未履行，公民可以向法院提起行政诉讼。

一、案例简介

（一）基本案情

　　原告杨某 2 系杨某 1（已故）唯一法定继承人。2004 年 4 月 1 日，杨某 1 与被告呼和浩特市人民政府（以下简称"呼市政府"）订立《杨某 1 先生向呼和浩特市人民政府捐献文物协议书》（以下简称《捐献文物协议书》），协议经过公证。该协议第三条约定："为了鼓励杨某 1 先生的义举，呼市政府颁发奖金人民币 150 万元。杨某 1 先生表示拿出 100 万元建立'杨某 1 文化奖励基金'，由专门机构管理，每年用其利息发给对文博发展有贡献的人员。其余奖金 50 万元由杨某 1 先生自行支配。"呼市政府支付杨某 150 万元奖金后剩余 100 万元未支付。2015 年 6 月 10 日，杨某 2 向呼市政府请求支付剩余的 100 万元奖金，呼市政府未支付。2016 年

1月5日，杨某2向呼和浩特市新城区人民法院提起民事诉讼，请求呼市政府支付奖金100万元以及利息675719.17元（2006年1月1日—2016年1月1日按中国人民银行同期同类贷款的基本利率计算）。2017年8月7日，呼和浩特市中级人民法院作出裁定，以案件不属民事诉讼审理范围为由撤销一审判决，驳回杨某2的起诉。2017年9月5日，杨某2向呼和浩特市中级人民法院提起行政诉讼，请求呼市政府支付100万元奖金和利息675719.17元，并承担案件受理费。①

（二）法院裁决

呼和浩特市中级人民法院认为，呼市政府与杨某1签订《捐献文物协议书》，为自己设定了行政奖励义务，应依法支付杨某1150万元奖金。同时，呼市政府应赔偿因逾期支付杨某1100万元奖金而造成的利息损失。杨某2于2015年6月10日申请呼市政府履行奖励，呼市政府在收到申请后2个月内未履行，杨某2在呼市政府2个月履行期届满的6个月内向法院提起诉讼，起诉未超过法定起诉期限。据此，法院判决被告呼市政府在判决生效之日起30日内支付原告杨某2100万元奖金，并赔偿逾期支付100万元奖金而造成的利息损失（利息以100万元为基数，按中国人民银行规定的同期一年期流动资金贷款利率计算，自2006年1月1日至2016年1月1日止，最高不超过原告杨某2请求的利息损失675719.17元）。

二、以案说法

本案的争议焦点主要有两个：（1）《捐赠文物协议书》的性质

---

① 详可参见（2017）内01行初211号判决书。

该如何认定? (2)原告杨某 2 提起行政诉讼,请求呼市政府履行行政奖励的起诉期限如何认定?

(一)行政奖励协议与民事赠与合同的区别

行政奖励协议是行政机关为了给予行政相对人物质或精神上的奖励,而与行政相对人签订的具有行政法上权利义务内容的协议。值得注意的是,行政奖励协议与民事赠与合同不同。民事赠与合同是平等主体之间签订的,赠与人将自己的财产无偿给予受赠人,受赠人表示接受该赠与的合同。具体而言,二者有以下三点不同:第一,签订主体不同。行政奖励协议的主体是行政机关和行政相对人,而民事赠与合同的主体是民事法律关系中的平等主体;第二,是否可撤销不同。基于诚实守信原则,行政机关在订立行政奖励协议后不得随意取消、解除协议,而民事赠与合同的赠与人可以在赠与财产权利转移之前撤销赠与;第三,是否具有行政法上权利义务内容不同。行政奖励协议一般是给行政机关设定行政奖励义务,给符合条件的行政相对人设定接受行政奖励的权利,而民事赠与合同则是平等主体之间财产的权利转移,不具有行政法上权利义务的内容。本案中,杨某 1 与呼市政府签订的《捐献文物协议书》,既包括了杨某 1 捐赠文物的内容,又包括呼市政府作出行政奖励的内容,因此该《捐献文物协议书》一方面具有行政奖励协议性质,另一方面又有民事赠与合同的性质。

(二)公民请求行政机关履行行政奖励的起诉期限

行政行为包括行政作为与行政不作为,需要注意的是,法律对二者的起诉期限的规定有所不同。《中华人民共和国行政诉讼法》(以下简称《行政诉讼法》)第四十七条第一款规定,公民、法人或者其他组织申请行政机关履行保护其人身权、财产权等合法权益的法定职责,行政机关在接到申请之日起 2 个月内不履行的，公民、法人或者其他组织可以向人民法院提起诉讼。《最高人民法院适用〈中华人民共和国行政诉讼法〉若干问题的解释》第六十六条规定，公民、法人或者其他组织依照《行政诉讼法》第四十七条第一款的规定，对行政机关不履行法定职责提起诉讼的，应当在行政机关履行法定职责期限届满之日起 6 个月内提出。本案中，杨某 2 于 2015 年 6 月 10 日申请呼市政府履行奖励行为，呼市政府在收到申请后 2 个月内未履行，杨某 2 应当在 2 个月届满后的 6 个月内，即 2016 年 2 月 10 日前向法院提起诉讼，杨某 2 于 2016 年 1 月 5 日向法院提起诉讼，未超过法定起诉期限。

（三）公益捐赠行为不可被撤销

一般而言，赠与合同在财产的权利转移之前都是可以由赠与人单方撤销的，但是《中华人民共和国民法典》第六百五十八条第二款规定，经过公证的赠与合同或者依法不得撤销的具有救灾、扶贫、助残等公益、道德义务性质的赠与合同不可被撤销。本案中，杨某 1 捐赠文物的行为不可以被撤销，有以下两个方面原因：第一，杨某 1 与呼市政府签订的《捐献文物协议书》已经经过公证，属于不可撤销的赠与合同；第二，杨某 1 捐赠文物的行为具有公益性质，不可被撤销。

三、专家建议

行政奖励协议与民事赠与合同不同，行政奖励协议因具有"行政性"，所以一旦作出就不可被随意修改、撤销。公民在与行政机关签订行政奖励协议时，要认真阅读协议的条款，尤其是有关行政奖励的条件的规定，并及时保存协议原件。公民在满足行政奖励的条件时，要积极向行政机关申请行政奖励。若行政机关接到申请后 2 个月内仍不履行，则可向法院提起行政诉讼。同样，公民若对行政机关作出的行政奖励不服，也要积极维护自身的合法权益。

四、关联法条

《中华人民共和国行政诉讼法》第四十七条;《最高人民法院法院适用〈中华人民共和国行政诉讼法〉若干问题的解释》第六十六条;《中华人民共和国民法典》第六百五十八条。

政府裁决林地争议应遵循有利
生产生活原则

"物尽其用"是中华民族的传统美德，强调对资源的珍惜和合理使用，减少浪费。在物权法上，法律要求权利人对自己的所有物进行合理使用和处分，充分发挥物的效用，在对林地的利用上也应遵循这一原则。依据《中华人民共和国森林法》《林木林地权属争议解决办法》等法律法规，政府在对林木林地权属争议进行裁决时，应当考虑该林地的经营状况，遵循"谁造林，谁管护，权属归谁所有"的原则。

一、案例简介

（一）基本案情

王家寨和老菜湾是某县相邻的两个村民小组，关于小地名"乱岩坡"的林地权属产生争议。"乱岩坡"位于现老菜湾组，解放前属于王家寨组王某户所有，土改时王某户被划为地主，该地分给村民耕种。王家寨组和老菜湾组双方均未举示有效证据证明"乱岩坡"在历史上已划归己方集体所有。2003年，老菜湾组村民在"乱岩坡"地块中种植了花椒、枞树、桤木等树木，并向秀山县林业局提出林权登记申请。2005年，秀山县政府为该地块林地、林木颁发了林权证（权属老菜湾组村民喻某）。2014年，"乱岩坡"因高速公路建设工程被征用，双方对"乱岩坡"林地权属发生争议，向秀山县政府提出行政裁决申请。2019年1月，秀山县政府作出裁决，"乱岩坡"所有权归老菜湾组所有。王家寨组对该裁决不服，向重庆市政府提起行政复议，后仍不服该复议结果，诉至法院。[①]

（二）法院裁判

1. 一审判决

一审法院认为，秀山县政府有为该宗林地的权属作出处理的行政职责，但是秀山县政府未调取争议林地在历史上该地权属的档案材料等有关证据来认定争议事实，所作裁决书证据不充分，应予以撤销，重庆市政府作出的维持复议决定也应予以撤销。

2. 二审判决

二审法院认为，基于对林权证、经营状况、历史情况等因素的考虑，老菜湾组在实际上管理着案涉林地，同时秀山县政府依法履行调查义务，作出的行政裁决程序合法，在老菜湾组和王家寨组均未举示有效的证据证明"乱岩坡"林地在土地改革时期已经划归己方集体所有，档案管理部门也缺乏土改时期"乱岩坡"林地权属登记的档案资料的情况下，秀山县政府行政裁决存在一定瑕疵，但该瑕疵并不影响案件基本事实的认定，不影响权属争议的最终处理结果。因此，二审法院判决撤销一审判决，案涉行政裁决合法生效。

二、以案说法

本案的争议焦点在于:（1）秀山县政府是含有权对林木林地权属争议进行裁决;（2）在无法提供权属证明的情况下，根据实际经

---

① 详可参见（2020）渝行终167号行政判决书。

营状况、历史情况等依据作出的行政裁决书是否合法。

（一）林木林地权属争议可申请行政裁决

林木林地权属争议，一般是指个人、单位或其他组织之间因林木林地的所有权或使用权归属不清而产生的纠纷。林木林地权属争议的解决方式除协商、调解、民事诉讼之外，也包括行政裁决。行政裁决是指行政机关或法定授权的组织，在行使行政管理职权过程中，对特定的民事纠纷进行审查并作出具有法律效力的裁定的行政行为。根据《中华人民共和国森林法》第二十二条第一款规定："单位之间发生的林木、林地所有权和使用权争议，由县级以上人民政府依法处理。"本案中，王家寨组与老菜湾组喻某户之间的林权争议，涉及两个集体经济组织之间的所有权争议，系单位之间发生的林权争议，依据上述规定，秀山县政府具有对涉案林地的权属争议作出处理的法定职责。

《中华人民共和国行政复议法》第十三条第一款规定："对地方各级人民政府的具体行政行为不服的，向上一级地方人民政府申请行政复议。"本案中，王家寨组对秀山县政府作出的行政处理决定不服，向秀山县政府的上一级政府重庆市政府申请行政复议。根据上述规定，重庆市政府具有作出本诉行政复议的法定职责。

（二）行政机关应从证据出发，遵循有利生产生活的原则裁决林木林地权属争议

1. 林木林地权属争议行政裁决的依据

行政机关和法院在处理林木林地权属争议时，会综合考虑历史因素、实际使用情况、法律文件、地方政策等因素，以确定林木林地的权属。根据《林木林地权属争议处理办法》的规定，政府及有关部门颁发的所有权证，是行政裁决处理林木林地权属争议的关键依据。本案中，老湾菜组村民喻某户拥有"乱岩坡"林地的林权证，而王家寨组及该组的农村承包经营户没有涉案林地的林权证，因而在行政裁决中，秀山县政府将案涉林地认定为老菜湾组所有。此外，林地的总体设计书、土地改革与合作化时期的权属证明、经营管理状况等凭证也可以成为行政裁决的依据。

2. 行政机关裁决林木林地争议应遵循有利生产生活原则

《林木林地权属争议处理办法》第十二条规定："土地改革后营造的林木，按照'谁造林、谁管护、权属归谁所有'的原则确定其权属，但明知林地权属有争议而抢造的林木或者法律法规另有规定的除外。"政府部门对林木林地争议进行裁决，应当按照尊重历史和现实情况，遵循有利于安定团结，有利于保护、培育和合理利用森林资源，有利于群众的生产生活的原则，依照法律进行裁决。本案中，从土地改革时期到土地承包到户，直到2003年老菜湾组的承包经营户在争议林地内种植林木的这一段时间，是老菜湾组在对涉案林地进行经营管理，王家寨未对种植林木的行为予以阻止。在2014年修建秀松高速公路征地以前，也未对涉案林地提出权利主张。在老菜湾组和王家寨组均未举示有效的证据证明"乱岩坡"林地在土地改革时期已经划归己方集体所有，档案管理部门也缺乏土改时期"乱岩坡"林地权属登记的档案资料的情况下，秀山县政府对于案涉林地权属的认定并无不当。

三、专家建议

第一，当事人在面对林木林地权属纠纷时，可以根据《中华人民共和国森林法》《中华人民共和国土地管理法》《林木林地权属争议处理办法》等法律法规，依法向有关政府部门提起行政裁决申请。行政裁决的优点在于效率较高、费用较低。当然，当事人也可以向法院提起民事诉讼。

第二，虽然行政裁决是一种非诉讼的争议解决方式，但是收集法律认可的相关权属证明等证据作为支持自己主张的依据也是行政裁决能否胜诉的关键。行政机关和法院在处理林木林地权属争议时，会综合考虑历史因素、实际使用情况、法律文件、地方政策等因素，以确定林木林地的权属。

第三，"物尽其用"是中华民族的传统美德，也体现为我国对于林地权属争议的处理原则。因此，当事人应当注意收集自己对于案涉林地实际经营的证据，以证明自己符合"谁造林、谁管护、权属归谁所有"的权属判断原则。

四、关联法条

《中华人民共和国森林法》第二十二条;《林木林地权属争议处理办法》第六条、第八条、第十二条。

行政命令造成损失的，公民可要求补偿

近年来，各地对生态环境的保护力度不断加大，各地政府有权基于本行政区域的实际情况作出行政命令，责令可能影响环境的企业停产停业，但是企业的合法权益亦应受到保护，被责令关闭的企业可以要求行政机关给予合理补偿。

一、案例简介

（一）基本案情

A 公司于 2007 年 9 月起修建生猪养殖场从事生猪养殖、销售。重庆市垫江县人民政府于 2016 年 9 月 14 日、2016 年 12 月 16 日先后作出《关于印发垫江县禁养区畜禽养殖场取缔工作实施方案的通知》（以下简称 95 号通知）、《垫江县畜禽养殖禁养区划分（调整）方案的通知》（以下简称 23 号通知），将垫江县明月山风景名胜区划入禁养区范围。垫江县农业委员会于 2017 年 5 月 19 日对 A 公司的生猪养殖场进行现场核查后，于 2017 年 11 月 28 日作出《责令 A 公司限期自行关闭的通知》（以下简称 277 号通知），告知 A 公司的生猪养殖场位于明月山风景名胜区范围内，属于禁养区，要求其于 2017 年 12 月 8 日前自行关闭并全部复垦，按 95 号通知确定的范围和标准给予补偿。否则，将依法强制关闭并不予补偿。在限期内，A 公司未关闭生猪养殖场。2018 年 6 月 25 日，垫江县人民检察院作出检察建议书，认为 A 公司在明月山风景名胜区范围内,建议垫江县农业委员会采取有效措施制止 A 公司在明月山风景区进行畜禽养殖行为。2018 年 7 月 7 日,垫江县农业委员会再次到现场核查发现,生猪排放的粪便未经无公害处理,A 公司将其运输到养殖场附近用水泵排放至森林。2018 年 7 月 26 日,垫江县农业委员会作出《行政决定书》,责令 A 公司在收到《行政决定书》之日起 30 日内,将生猪养殖场关闭、搬迁。A 公司对该行政决定不服,遂向法院提起诉讼。①

（二）法院裁决

1. 一审判决

重庆市涪陵区人民法院认为,A 公司的生猪养殖场在垫江县人民政府确定的禁养区范围内,依法应当关闭、搬迁。但企业的合法财产受法律保护,A 公司的生猪养殖场建成于垫江县政府规划之前,其合法权益应受法律保护,关闭生猪养殖场给 A 公司造成的经济损失垫江县农业委员会应当依法予以补偿。垫江县农业委员会仅作出关闭养殖场决定而未作出行政补偿决定违反了程序正当原则,依法应当撤销。同时责令垫江县农业农村委员会在判决生效后 60 日内采取补救措施,依法履行环保行政补偿的法定职责。

2. 二审判决

二审法院同意一审法院裁判意见,驳回上诉,维持原判。

二、以案说法

（一）责令停止违法行为的行政命令具有可诉性

责令停止违法行为不属于行政处罚,而是一种过程性的行政

---

① 详可参见（2019）渝 03 行终字第 67 号行政判决书。

命令，如果行政行为相对人不执行行政机关的责令行为，就会受到行政处罚或者其他形式的不利后果。虽然责令停止违法行为属于预防性不利处分，不具有制裁性，但也是一种独立的行政行为，命令一经作出即对行政相对人设定了义务，如果行政命令的相对人实施的是合法的行为，却被行政机关错误责令停止，就会导致行政命令相对人的合法权益受到损害。为了保障被责令单位或者个人的合法权益，应当赋予被责令单位或者个人法律救济的途径。因此责令停止违法行为的行政命令具有可诉性。

本案中，重庆市垫江县人民政府为了环境保护工作确定本行政区域内的畜禽禁养区，A公司的养猪场开设于畜牧禁养区内，可能对环境造成破坏，故垫江县人民政府作出责令A公司关闭生猪养殖场的行政命令，A公司不服该行政命令可以提起行政诉讼。

（二）行政命令给公民、法人或非法人组织造成的损失应当依法予以补偿

《畜禽规模养殖污染防治条例》第二十五条规定，因畜牧业发展规划、土地利用总体规划、城乡规划调整以及划定禁止养殖区域，或者因对污染严重的畜禽养殖密集区域进行综合整治，确需关闭或者搬迁现有畜禽养殖场所，致使畜禽养殖者遭受经济损失的，由县级以上地方人民政府依法予以补偿。行政补偿是指国家机关因合法行为给公民、法人或其他组织合法权益造成的损害给予补偿的行政行为。本案中，重庆市垫江县人民政府有权划定本行政区域内的畜牧禁养区，但是在禁养区划定之前已经存在养殖场所不属于违法经营，这些畜牧养殖者的合法权益应受法律保护，因此重庆市垫江县人民政府在作出责令A公司关闭生猪养殖场命令的同时应当给予A公司适当补偿，否则即属程序违法。

三、专家建议

行政命令是指行政机关对群众、企事业单位等发布的，要求其做什么或不做什么的意思表示。行政命令是具体行政行为，公众对行政机关作出的行政命令不服，可以依法提起行政诉讼。如果行政命令给群众的合法财产造成损失，群众亦可要求行政机关予以适当补偿。

四、关联法条

《生态环境行政处罚办法》第九条；《最高人民法院关于适用〈中华人民共和国行政诉讼法〉的解释》第九十五条；《畜禽规模养殖污染防治条例》第二十五条。